혈의 누 · 모란봉

이인직

SR&B(새로본닷컴)

이정의 〈묵죽도〉

〈베스트 논술 한국대표문학(전60권)〉을 펴내며

어린 시절의 독서는 평생의 이성과 열정을 보장해 줄 에너지의 탱크를 채우는 일입니다. 인생의 지표를 세울 수 있는 가장 믿을 만한 방법이기도 합니다.

새로 접하는 사물의 이치를 터득하려면 그 정보를 대뇌 속에 담는 프로그램이 마련되어 있어야 합니다. 그 프로그램을 구축하는 가장 효과적인 방법이 지속적인 독서입니다. 독서는 책과 나의 쌍방향적인 대화이며 만남이며 스킨십입니다.

그러나 단순한 독서만으로는 생각하는 힘과 정확히 표현하는 힘을 키울 수 없습니다. 〈베스트 논술 한국대표문학〉은 이에 유의하여 다음과 같이 편찬하였습니다.

① 초·중·고 교과서에 실린 고전 및 현대 문학 작품부터 〈삼국유사〉, 〈난중일기〉, 〈목민심서〉 등 우리의 정신을 일깨워 주고 우리에게 지혜와 용기를 준 '위대한 한국 고전'에 이르기까지 한 권 한 권을 가려 뽑았습니다.

② 각 권의 내용과 특성을 분석하여, '작가와 작품 스터디', '논술 가이드' 등을 덧붙여 생각하는 힘, 표현하는 힘을 키울 수 있도록 각 분야의 권위 학자, 논술 전문가들이 심혈을 기울였습니다.

③ 특히 현대 문학 부문은 최근 학계에서, 이 때까지의 오류를 바로잡아 정확한 텍스트를 확정한 것을 반영하였고, 고전 부문은 쉽고 아름다운 현대 국어로 재현하였습니다.

④ 각 작품에 관련된 작가의 고향을 비롯한 작품의 배경, 작품의 참고 자료 등을 일일이 답사 촬영하거나 수집·정리하여 화보로 꾸몄고, 각 작품의 갈피 갈피마다 아름다운 그림을 넣어, 작품에 좀더 친근감 있게 접근할 수 있도록 하였습니다.

이 〈베스트 논술 한국대표문학〉이 여러분이 '큰 사람', '슬기로운 사람'이 되는 데 충실한 밑거름이 되기를 바랍니다.

〈베스트 논술 한국대표문학〉 편찬위원회

이인직

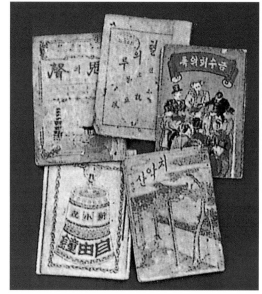

여러 가지 신소설의 표지

〈혈의 누〉의 표지

이인직이 쓴 〈귀의 성〉의 표지

이인직이 지은 〈은세계〉 원본

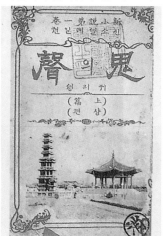

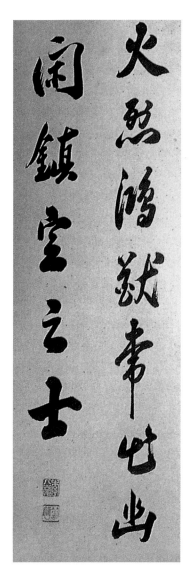

이인직의 글씨

이인직이 창간한 〈대한 매일 신보〉

친일파인 이완용(왼쪽)과 함께한 이인직

동학 운동 진압을 위해 출병한 일본군이 청의 군함을 공격함으로써 시작된 청일 전쟁

샌프란시스코의 상징인 금문교

청일 전쟁 때의 황해 해전

모란봉의 정금문

〈혈의 누〉의 배경이 되는 평양 시내

차례

혈의 누

혈의 누

일청전쟁*의 총소리는 평양* 일경이 떠나가는 듯하더니, 그 총소리가 그치매 사람의 자취는 끊어지고 산과 들에 비린 티끌뿐이라.

평양성 외 모란봉에 떨어지는 저녁볕은 뉘엿뉘엿 넘어가는데, 저 햇빛을 붙들어매고 싶은 마음에 붙들어매지는 못하고 숨이 턱에 닿은 듯이 갈팡질팡하는 한 부인이 나이 삼십이 될락말락하고, 얼굴은 분을 따고 넣은 듯이 흰 얼굴이나 인정 없이 뜨겁게 내리쪼이는 가을볕에 얼굴이 익어서 선 앵둣빛이 되고, 걸음걸이는 허둥지둥하는데 옷은 흘러 내려서 젖가슴이 다 드러나고, 치맛자락은 땅에 질질 끌려서 걸음을 걷는 대로 치마가 밟히니, 그 부인은 아무리 급한 걸음걸이를 하더라도 멀리 가지도 못하고 허둥거리기만 한다.

남이 그 모양을 볼 지경이면 저렇게 어여쁜 젊은 여편네가 술 먹고

---

* **일청전쟁**(日淸戰爭) 청일전쟁. 구한국 고종 31년(1894)에 동학혁명의 진압 문제를 둘러싸고 일어난 청나라와 일본의 전쟁.
* **평양**(平壤) 평안 남도 남서부 대동강 하류에 있는 한 시. 우리 나라에서 가장 오랜 역사를 지닌 도시.

한길에 나와서 주정한다 할 터이나, 그 부인은 술 먹었다 하는 말은 고사하고 미쳤다, 지랄한다 하더라도 그 따위 소리는 귀에 들리지 아니할 만하더라.

무슨 소회가 그리 대단한지 그 부인더러 물을 지경이면 대답할 여가도 없이 옥련이를 부르면서 돌아다니더라.

"옥련아, 옥련아, 옥련아, 옥련아, 죽었느냐 살았느냐. 죽었거든 죽은 얼굴이라도 한 번 다시 만나 보자. 옥련아, 옥련아, 살았거든 어미 애를 그만 쓰이고 어서 바삐 내 눈에 보이게 하여라. 옥련아, 총에 맞아 죽었느냐, 창에 찔려 죽었느냐. 사람에게 밟혀 죽었느냐. 어리고 고운 살에 가시가 박힌 것을 보아도 어미 된 이 내 마음에 내 살이 지겁게 아프던 내 마음이라. 오늘 아침에 집에서 떠나올 때에 옥련이가 내 앞에 서서 아장아장 걸어다니면서, 어머니 어서 갑시다 하던 옥련이가 어디로 갔느냐."

하면서 옥련이를 찾으려고 골몰한 정신에, 옥련이보다 열 갑절 스무 갑절 더 소중하게 생각하는 사람을 잃고도 모르고 옥련이만 부르며 다니다가 목이 쉬고 기운이 탈진하여 산비탈 잔디풀 위에 털썩 주저앉았다가, 혼잣말로 옥련 아버지는 옥련이 찾으려고 저 건너 산 밑으로 가더니 어디까지 갔누, 하며 옥련이를 찾던 마음이 홀지에 변하여 옥련 아버지를 기다린다.

기다리는 사람은 아니 오고, 인간 사정은 조금도 모르는 석양은 제 빛 다 가지고 저 갈 데로 가니 산빛은 점점 먹장을 갈아 붓는 듯이 검어지고 대동강 물소리는 그윽한데, 전쟁에 죽은 더운 송장 새 귀신들이 어두운 빛을 타서 낱낱이 일어나는 듯 내 앞에 모여드는 듯하니, 규중에서 생장한 부인의 마음이라, 무서운 마음에 간이 녹는 듯하여 숨도 크게 쉬지 못하고 앉았는데, 홀연히 언덕 밑에서 사람의 소리가 들리거늘, 그 부인이 가만히 들은즉 길 잃고 사람 잃고 애쓰는 소리라.

"에그, 깜깜하여라. 이리 가도 길이 없고 저리 가도 길이 없으니 어디로 가면 길을 찾을까? 나는 사나이라, 다리 힘도 좋고 겁도 없는 사람이건마는 이러한 산비탈에서 이 밤을 새고 사람을 찾아다니려 하면 이 고생이 이렇게 대단하거든, 겁도 많고 다녀 보지 못했던 여편네가 이 밤에 나를 찾아다니느라고 오죽 고생이 될까?"

하는 소리를 듣고 부인의 마음에 난리 중에 피난 가다가 부부가 서로 잃고 서로 종적을 모르니 살아 생이별을 한 듯하더니 하늘이 도와서 다시 만나 본다 하여 반가운 마음에 소리를 질렀더라.

"여보, 나 여기 있소. 날 찾아다니느라고 얼마나 애를 쓰셨소."

하면서 급한 걸음으로 언덕 밑으로 향하여 내려가다가 비탈에 넘어져 구르니, 언덕 밑에서 올라오던 남자가 달려들어서 그 부인을 붙들어 일으키니, 그 부인이 정신을 차려 본즉 북두 갈고리 같은 농군의 험한 손이 내 손에 닿으니 별안간에 선뜻한 마음에 소름이 끼치면서 가슴이 덜컥 내려앉고 겁결에 목소리가 나오지 못한다.

그 남자도 또한 난리 중에 제 계집 찾아다니는 사람인데, 그 계집인즉 피난 갈 때에 팔승 무명을 강풀* 한 됫박이나 먹였던지 장작같이 풀센 치마를 입고 나간 터이요, 또 그 계집은 호미자루, 절굿공이, 다듬잇방망이, 그러한 셋궂은 일로 자라난 농군의 계집이라, 그 남자가 언덕에서 소리하고 내려오는 계집이 제 계집인 줄 알고 붙들었는데, 그 언덕에서 부르던 부인의 손은 명주같이 부드럽고 옷은 십이승* 아랫질 세모시 치마가 이슬에 눅었는데, 그 농군은 제 평생에 그 옷 입은 그런 손길은 만져 보기는 고사하고 쳐다보지도 못했던 위인이러라.

부인은 자기 남편이 아닌 줄 깨닫고 사나이도 제 계집 아닌 줄 알았더라. 부인은 겁이 나서 간이 서늘하고, 남자는 선녀를 만난 듯하여 홍

---

* 강풀 되게 쑨 풀.
* 십이승(十二升) 가는 올로 매우 곱게 짠 모시.

김, 겹김에 가슴이 두근거리면서 숨소리는 크고 목소리는 아니 나온다. 그 부인의 마음에, 아까는 호랑이도 무섭고 귀신도 무섭더니, 지금은 호랑이나 와서 나를 잡아먹든지 귀신이나 와서 저놈을 잡아가든지 그런 뜻밖의 일을 기다리나, 호랑이도 아니 오고 귀신도 아니 오고, 눈에 보이는 것은 말 못 하는 하늘의 별뿐이요, 이 산중에는 죄 없고 힘없는 이내 몸과 저 몹쓸 놈과 단 두 사람뿐이라.

사람이 겁이 나다가 오래 되면 악이 나는 법이다. 겁이 날 때는 숨도 크게 못 쉬다가 악이 나면 반벙어리 같은 사람도 말이 물 퍼붓듯 나오는 일도 있는지라.

부인 "여보, 웬 사람이오. 여보, 대답 좀 하오. 여보, 남을 붙들고 떨기는 왜 그리 떠오. 여보, 벙어리요 도둑놈이요? 도둑놈이거든 내 몸의 옷이나 벗어 줄 터이니 다 가져가오."

그 남자가 못생긴 마음에 어기뚱한* 생각이 나서 말 한 마디가 엄두가 아니 나던 위인이 불 같은 욕심에 말문이 함부로 열렸더라.

남자 "여보, 웬 여편네가 이 밤중에 여기 와서 있소? 아마 시집살이 마다고 도망하는 여편네지. 도망꾼이라도 붙들어다가 데리고 살면 계집 없느니보다 날 터이니 데리고 갈 일이로구. 데리고 가기는 나중 일이어니와……. 내가 어젯밤 꿈에 이 산중에서 장가를 들었더니 꿈도 신통히 맞힌다."

하면서 무지막지한 놈의 행위라 불측한 소리가 점점 심하니, 그 부인이 죽어서 이 욕을 아니 보리라 하는 마음뿐이나, 어느 틈에 죽을 겨를도 없는지라. 사람이 생목숨을 버리는 것은 사람의 제일 서러워하는 일인데, 죽으려 하여도 죽지도 못하는 그 부인 생각은 어떻다 형용할 수 없는 터이라.

---

* 어기뚱하다 좀 엉뚱하고 주제넘음.

빌어 보면 좋을까 생각하여 이리 빌고 저리 빌고 각색으로 빌어 보나 그놈의 귀에 비는 소리가 쓸데없고 하릴없을 지경이라.

언덕 위에서 웬 사람이 소리를 지르는데 무슨 소린지는 모르나 부인은 그 소리를 듣고 죽었던 부모가 살아온 듯이 기쁜 마음에 마주 소리를 질렀더라.

부인 "사람 좀 살려 주오……."

하는 소리가 아무리 부인의 목소리라도 죽을 힘을 다 들여서 지르는 밤소리라 산골이 울리니 언덕 위의 사람이 또 소리를 지른다.

언덕 위와 언덕 밑이 두 칸 길이쯤 되나 지척을 불변하는 칠야에 서로 모양도 못 보고 또 서로 말도 못 알아듣는 터이라, 언덕 위의 사람이 총 한 방을 놓으니 밤중의 총소리라, 산이 울리면서 사람이 모여드는데 일본 보초병들이러라.

누구는 겁이 많고 누구는 겁이 없다 하는 말도 알 수 없는 말이라. 세상에 죄 있는 사람같이 겁 많은 사람은 없고, 죄 없는 사람같이 다기* 있는 것은 없다.

부인은 총소리에도 겁이 없고 도리어 욕을 면한 것만 천행으로 여기는데, 그 남자는 제가 불측한 마음으로 불측한 일을 바라던 차이라, 총소리를 듣고 저를 죽이러 온 사람으로 알고 달아난다.

밝은 날 같으면 달아날 생의도 못 하였을 터이나 깜깜한 밤이라 옆으로 비켜 서기만 하여도 알 수 없는 고로 종적 없이 달아났더라. 보초병이 부인을 잡아서 앞세우고 가는데 서로 말은 못 하고 벙어리가 소를 몰고 가듯 한다.

계엄중 총소리라 평양성 근처에 있던 헌병들이 낱낱이 모여들어서 총 놓은 군사와 부인을 데리고 헌병부로 향하여 가니, 그 부인은 어딘

---

* 다기(多氣) 당당한 태도.

지 모르고 가나 성도 보이고 문도 보이는데, 정신을 차려 본즉 평양성 북문이라.

밤은 깊어 사람의 자취도 없고 사면에서 닭은 홰를 치며 울고 개는 여염집 평대문 개구멍으로 주둥이만 내어놓고 짖는다.

닭소리, 개소리에 부인의 발이 땅에 떨어지지 못하여 걸음을 멈추고 섰는데 오장이 녹는 듯하고 눈물이 앞을 가린다.

개는 명물이라 밤사람을 알아보고 반가워 뛰어나오다가 헌병이 칼을 빼어 개를 치려 하니 개가 쫓겨 들어가며 짖으나 사람도 말을 통치 못하거든 더구나 짐승이야……

부인 "개야, 너 혼자 집을 지키고 있구나. 우리가 피난 갈 때에 너를 부엌에 가두고 나왔더니 어디로 나왔느냐. 너와 같이 집에 있었더면 이러한 일이 생기지 아니하였을 것을 살 곳 찾아가느라고 죽을 길 고생길로 들어갔다. 나는 살아와서 너를 다시 본다마는 서방님도 아니 계시다. 너를 귀애하던 옥련이도 없다. 내가 너와 같이 다리 힘이 좋으면 방방곡곡으로 찾아다닐 터이나 다리 힘도 없고 세상에 만만하고 불쌍한 것은 여편네라 겁나는 것 많아서 못 다니겠다. 닭도 주인 없는 집에서 혼자 울고, 개도 주인 없는 집에서 혼자 짖는구나. 개야, 이리 나오거라. 나는 어디로 잡혀 가는지 내 발로 걸어가나 내 마음으로 가는 것은 아니다."

헌병이 소리를 질러 가기를 재촉하니 부인이 하릴없이 헌병부로 잡혀가는데 개가 멍멍 짖으며 따라오니 그 개 짖고 나오던 집은 부인의 집이러라.

그 날은 평양성에서 싸움이 결말나던 날이요, 성중의 사람이 진저리 내던 청인이 그림자도 없이 다 쫓겨 나가던 날이요, 철환*은 공중에서

---

*철환(鐵丸) 엽총 등에 쓰는 잘게 만든 탄알.

우박 쏟아지듯 하고 총소리는 평양성 근처가 다 두려빠지고* 사람 하나도 아니 남을 듯하던 날이요, 평양 사람이 일병 들어온다는 소문을 듣고 일병은 어떠한지, 임진 난리에 평양 싸움 이야기하며 별 공론이 다 나고 별 염려 다 하던 그 일병이 장마통에 검은 구름 떠들어오듯 성내, 성외에 빈틈없이 들어와 박히던 날이라.

본래 평양 성중에 사는 사람들이 청인의 작폐에 견디지 못하여 산골로 피난 간 사람이 많더니, 산중에서는 청인 군사를 만나면 호랑이 본 것 같고 원수 만난 것 같다.

어찌하여 그렇게 감정이 사나우냐 할 지경이면, 청인의 군사가 산에 가서 젊은 부녀를 보면 겁탈하고, 돈이 있으면 빼앗아 가고, 제게 쓸데 없는 물건이라도 놀부의 심사같이 장난하니, 산에 피난 간 사람은 난리를 한층 겪는다.

그러므로 산에 피난 갔던 사람이 평양성으로 도로 피난 온 사람도 많이 있었더라.

그 부인은 평양성 북문 안에 사는데 며칠 전에 산에 피난도 갔다가 산에도 있을 수 없고, 촌에 사는 일갓집으로 피난 갔다가 단칸방에서 주인과 손과 여덟 식구가 이틀 밤을 앉아 새우고 하릴없이 평양성 내로 도로 온 지가 불과 수 일 전이라.

그 때 마음에 다시는 죽어도 피난 가지 아니한다 하였더니, 오늘 새벽부터 총소리는 천지를 뒤집어 놓고 사면 산꼭대기들 가운데에 불비가 쏟아지니 밝기를 기다려서 피난길을 떠났는데, 아무것도·가진 것 없고 젊은 내외와 어린 딸 옥련이와 단 세 식구 피난이라.

성중에는 울음 천지요, 성 밖에는 송장 천지요, 산에는 피난군 천지라. 어미가 자식 부르는 소리, 서방이 계집 부르는 소리, 계집이 서방

---

* 두려빠지다 한 곳이 온통 널리 빠져 나감.

부르는 소리, 이렇게 사람 찾는 소리뿐이라. 어린아이를 내버리고 저 혼자 달아나는 사람도 있고, 두 내외 손을 맞붙들고 마주 찾는 사람도 있더니, 석양판에는 그 사람이 다 어디로 가고 없던지 보이지 아니하고, 모란봉 아래서 옥련이 부르고 다니는 부인 하나만 남아 있더라.

그 부인의 남편 되는 사람은 나이 스물아홉 살인데, 평양서 돈 잘 쓰기로 이름 있던 김관일이라. 피난길 인해 중에 서로 잃고 서로 찾다가 김관일은 저의 집으로 혼자 돌아와서 그 날 밤에 빈 집에 혼자 있다가

밤중에 개가 하도 몹시 짖거늘, 일어나서 대문을 열고 보려 하다가 겁이 나서 열지는 못하고 문 틈으로 내다보기도 하였으나 벌써 헌병이 그 부인을 앞세우고 가니 김관일은 그 부인이 헌병에게 붙들려 가는 줄은 생각 밖이요, 그 부인은 그 남편이 집에 있기는 또한 꿈도 아니 꾸었더라.

　김씨는 혼자 빈 집에 있어서 밤새도록 잠들지 못하고 별 생각이 다 난다. 북문 밖 넓은 들에 철환 맞아 죽은 송장과 죽으려고 숨 넘어가는

반송장들은 제각각 제 나라를 위하여 전장에 나와서 죽은 장수와 군사들이라.

죽어도 제 직분이거니와 엎드러지고 곱드러져서 봄바람에 떨어진 꽃과 같이 간 곳마다 발에 밟히고 눈에 걸리는 피난민들은 나라의 운수련가. 제 팔자 기박하여 평양 백성 되었던가.

땅도 조선 땅이요 사람도 조선 사람이라. 고래 싸움에 새우 등 터지듯이, 우리 나라 사람들이 남의 나라 싸움에 이렇게 참혹한 일을 당하는가.

우리 마누라는 대문 밖에 한 걸음 나가 보지 못한 사람이요, 내 딸은 일곱 살 된 어린아이라 어디서 밟혀 죽었는가. 슬프다, 저러한 송장들은 피가 시내되어 대동강에 흘러들어 여울목 치는 소리 무심히 듣지 말지어다.

평양 백성의 원통하고 설운 소리가 아닌가. 무죄히 죄를 받는 것도 우리 나라 사람이요, 무죄히 목숨을 지키지 못하는 것도 우리 나라 사람이라. 이것은 하늘이 지으신 일이런가, 사람이 지은 일이런가. 아마도 사람의 일은 사람이 짓는 것이다. 우리 나라 사람이 제 몸만 위하고 제 욕심만 채우려 하고, 남은 죽든지 살든지, 나라가 망하든지 흥하든지 제 벼슬만 잘 하여 제 살만 찌우면 제일로 아는 사람들이라.

평안도 백성은 염라 대왕이 둘이다. 하나는 황천에 있고, 하나는 평양 선화당에 앉았는 감사이라. 황천에 있는 염라 대왕은 나이 많고 병들어서 세상이 귀치 않게 된 사람을 잡아가거니와, 평양 선화당에 있는 감사는 몸 성하고 재물 있는 사람은 낱낱이 잡아가니, 인간 염라 대왕으로 집집에 터주까지 겸한 겸관이 되었는지, 고사를 잘 지내면 탈이 없고 못 지내면 온 집안에 동토*가 나서 다 죽을 지경이라.

＊동토 동티의 사투리. 동티는 귀신이 노해서 말썽을 부림.

제 손으로 벌어 놓은 제 재물을 마음놓고 먹지 못하고 천생 타고난 제 목숨을 남에게 매어 놓고 있는 우리 나라 백성들을 불쌍하다 하겠거든, 더구나 남의 나라 사람이 와서 싸움을 하느니 지랄을 하느니 그러한 서슬에 우리는 패가하고 사람 죽는 것이 다 우리 나라가 강하지 못한 탓이라.

오냐, 죽은 사람은 하릴없다. 살아 있는 사람들이나 이후에 이러한 일을 또 당하지 아니하게 하는 것이 제일이다.

제 정신 제가 차려서 우리 나라도 남의 나라와 같이 밝은 세상 되고 강한 나라 되어 백성된 우리들이 목숨도 보전하고 재물도 보전하고, 각도 선화당과 각도 동헌 위에 아귀 귀신 같은 산 염라 대왕과 산 터주도 못 오게 하고, 범 같고 곰 같은 타국 사람들이 우리 나라에 와서 감히 싸움할 생각도 아니 하도록 한 후이라야 사람도 사람인 듯싶고 살아도 산 듯싶고, 재물 있어도 제 재물인 듯하리로다.

처량하다, 이 밤이여. 평양 백성은 어디 가서 사생 중에 들었으며, 아귀 같은 염라 대왕은 어느 구석에 박혔으며, 우리 처자는 어떻게 되었는고. 우리 내외 금실이 유명히 좋던 사람이요, 옥련이를 남다르게 귀애하던 가정이라. 그러하나 세상에 뜻이 있는 남자 되어 처자만 구구히 생각하면 나라의 큰 일을 못 하는지라. 나는 이 길로 천하 각국을 다니면서 남의 나라 구경도 하고 내 공부 잘한 후에 내 나라 사업을 하리라 하고 밝기를 기다려서 평양을 떠나가니, 그 발길 가는 데는 만리 타국이라.

그 부인은 일본군 헌병부로 잡혀 갔으나 규중에서 생장한 부인이 그러한 난리 중에 그러한 풍파를 겪었다 하는 말을 듣는 자 누가 불쌍타 하지 아니하리오. 통변*이 말을 전하는 대로 헌병장이 고개를 기울이고

---

* **통변**(通辯) 통역을 맡은 사람.

불쌍하다 가이없다 하더니, 그 밤에는 군중에서 보호하고 그 이튿날 제 집으로 돌려 보내니, 부인은 하룻밤 동안에 세상 풍파를 다 지내고 본 집으로 돌아왔더라.

아침 날 서늘한 기운에 빈 집같이 쓸쓸한 것은 없는데 그 부인이 그 집에 들어와 보더니 처참한 마음이 새로이 나서 이 집구석에서 나 혼자 살아 무엇하리 하면서 마루 끝에 털썩 걸터앉더니 정신없이 모으로 쓰러졌다.

"어젯날 피난 갈 때에 급하고 겁나는 마음에 밥도 먹지 아니하고 나섰다가 하룻날 하룻밤에 고생한 일은 인간에 나 하나뿐인가 싶은 마음에 배가 고픈지 다리가 아픈지 모르고 지냈더니, 내 집으로 돌아오니 남편도 소식 없고 옥련이도 간 곳 없고, 엉성한 네 기둥과 적적한 마루 위에 덧문 척척 닫힌 방을 보고, 이 몸이 앉은 채로 쓰러져 없어졌으면 좋으련마는, 그렇지 아니하면 무슨 경황에 내 손으로 저 방문을 열고 내 발로 저 방으로 들어갈까?"

하는 혼자말을 다 마치지 못하고 정신을 잃었더라.

평시절 같으면 이웃 사람도 오락가락하고 방물장수, 떡장수도 들락날락할 터인데, 그 때는 평양 성중에 살던 사람들이 이번 불 소리에 다 달아나고, 있는 것은 일본 군사뿐이라. 그 군사들이 까마귀떼 다니듯 하며 이 집 저 집 함부로 들어간다.

본래 전시국제공법에, 전장에서 피난 가고 사람 없는 집은 집도 점령하고 물건도 점령하는 법이라. 그런 고로 군사들이 빈 집을 보면 일삼아 들어간다.

김씨 집에 들어와서 보는 군사들은 마루 끝에 부인이 누웠는 것을 보고 도로 나갈 뿐이라. 아마도 부인을 구하여 줄 사람은 없었더라.

만일 엄동 설한에 하루 동안을 마루에 누웠으면 얼어 죽었을 터이나, 다행히 일기가 더운 때라 종일 정신없이 마루에 누웠으나 관계치

아니하였더라.

　밤이 되매 비로소 정신이 나기 시작하는데 꿈 깨고 잠 깨이듯 별안간에 정신이 난 것이 아니라 모란봉에 안개 걷듯 차차 정신이 난다. 처음에 눈을 떠서 보니 하늘에는 별이 총총하고 다시 눈을 둘러보니 우중충한 집에 나 혼자 누웠으니 이 곳은 어디며 이 집은 뉘 집인지, 나는 어찌하여 여기 와서 누웠는지 곡절을 모른다.

　차차 본즉 내 집이요, 차차 생각한즉 여기 와서 걸터앉았던 생각도 나고, 어젯밤에 일본 헌병부로 가던 생각도 나고, 총소리에 사람 모여들던 생각도 나고, 도둑놈에게 욕을 볼 뻔하던 생각이 나면서 새로이 소름이 끼친다.

　정신이 번쩍 나고 없던 기운이 번쩍 나서 벌떡 일어나 앉았으니, 새로 남편 생각과 옥련이 생각만 난다.

　안방에는 옥련이가 자는 듯하고, 사랑방에는 남편이 있는 듯하다. 옥련이를 부르면 나올 듯하고, 남편을 부르면 대답을 할 것 같다. 어젯날 지낸 일은 정녕 꿈이라, 내가 악몽을 꾸었지, 지금은 깼으니 옥련이를 불러 보리라 하고 안방으로 고개를 두르고 옥련아, 옥련아, 옥련아, 부르다가 소름이 죽죽 끼치고 소리가 점점 움츠러진다. 일어서서 안방 문 앞으로 가니 다리가 덜덜 떨리고 가슴이 두근두근한다. 방문을 왈칵 잡아당기니 방 속에서 벼락치는 소리가 나며 부인은 외마디 소리를 지르고 주저앉았더라.

　어제 아침에 이 방에서 피난 갈 때에는 방 가운데 아무것도 늘어놓은 것 없었더니, 오늘 아침에 김관일이 외국에 가려고 결심하고 나갈 때에 무엇을 찾느라고 다락 속 벽장 속에 있는 세간을 낱낱이 내어놓고 궤문도 열어 놓고, 농문도 열어 놓고, 궤짝 위에 농짝도 놓고, 농짝 위에 궤짝도 얹었는데, 단정히 놓인 것도 있지마는 곧 내려질 듯한 것도 있었더라, 방문은 무슨 정신에 닫고 갔던지, 방 안의 벽장문 다락문은 열린 채로 두었더라.

강아지만한 큰 쥐가 다락에서 나와서 방 안에서 제 세상같이 있다가, 방문 여는 소리를 듣고 궤 위에서 방바닥으로 내려 뛰는데, 그 궤가 안동하여 떨어지니, 그 궤는 옥련의 궤라 조개껍데기도 들고 서양철 조각도 들고 방울도 들고 유리병도 들었으니, 그 궤가 떨어질 때에는 소리가 조용치는 못하겠으나 부인이 겁결에 들은즉 벼락치는 소리같이 들렸더라.

부인이 정신을 차려서 당성냥을 찾으려고 방 안으로 들어가니, 발에 걸리고 몸에 부딪치는 것이 무엇인지 무서운 마음에 도로 나와서 마루 끝에 앉았더라.

이 밤이 초저녁인지 밤중인지 샐 녘인지 모르고 날 새기만 기다리는데, 부인의 마음에는 이 밤이 샐 때가 되었거니 하고 동편 하늘만 쳐다보고 있더라.

두 날개 탁탁 치며 꼬끼요 우는 소리가 첫닭이 분명한데 이 밤 새우기는 참 어렵도다. 그렇게 적적한 집에 그 부인이 혼자 있어서 하루, 이틀, 열흘, 보름을 지낼수록 경황없고 처량한 마음이 조금도 감하지 아니한다. 감하지 아니할 뿐 아니라 날이 갈수록 심란한 마음이 깊어 가더라. 그러면 무슨 까닭으로 세상에 살아 있는고. 한 가지 일을 기다리고 죽기를 참고 있었더라.

피난 갔던 이튿날 방 안에 세간이 늘어놓인 것을 보고 남편이 왔던 자취를 알고 부인의 마음에는 남편이 옥련이와 나를 찾아다니다가 찾지 못하고 집에 돌아와서 보고 또 찾으러 간 줄로 알고 그 남편이 방향 없이 나서서 오죽 고생을 할까 싶은 마음에 가이없으면서 위로는 되더니, 그 날 해가 지고 저무니 남편이 돌아올까 기다리는 마음에 대문을 닫지 아니하고 앉아 밤을 새웠더라. 그 이튿날 또 다음 날을, 날마다 밤마다 때마다 기다리는데, 사람의 소리가 들리면 뛰어나가 보고, 개가 짖으면 쫓아가서 본다.

고대하던 마음은 진하고* 단망*하는 마음이 생긴다. 어느 곳에서 사람이 많이 죽었다 하는 소문이 있으면 남편이 거기서 죽은 듯하고, 어느 곳에서는 어린아이 죽었다는 말이 들리면 내 딸 옥련이가 거기서 죽은 듯하다.

남편이 살아오거니 하고 고대할 때는 마음을 붙일 곳이 있어서 살아 있었거니와 죽어서 못 오거니 하고 단망하니 잠시도 이 세상에 있기가 싫다.

부인이 죽기로 결심하고 대동강 물에 빠져 죽을 차로 밤 되기를 기다려 강가로 향하여 가니, 그 때는 구월 보름이라 하늘은 씻은 듯하고 달은 초롱 같다.

은가루를 뿌린 듯한 백사장에 인적은 끊어지고 백구는 잠들었다. 부인이 탄식하여 가로되,

"달아 물어 보자, 너는 널리 보리로다. 낭군이 소식 없고 옥련은 간 곳 없다. 이 세상에 있으면 집 찾아왔으련만 일거 무소식하니 북망객 됨이로다. 이 몸이 혼자 살면 일평생 근심이요, 이 몸이 죽었으면 이 근심 모르리라. 십오 년 부부 정과 일곱 해 모녀 정이 어느 때 있었던지 지금은 꿈 같도다. 꿈 같은 이내 평생 오늘 날뿐이로다. 푸르고 깊은 물은 갈 길이 저기로다."

이러한 탄식을 마치매 치마를 걷어 잡고 이를 악물고 두 눈을 딱 감으면서 물에 뛰어내리니 그 물은 대동강이요, 그 사람은 김관일의 부인이라. 물 아래 뱃나들이에 한 거룻배가 비꼈는데, 그 배 속에서 사공 하나와 평양 성내에 사는 고장팔이라 하는 사람과 단둘이 달밤에 밤윷을 노는데, 그 사공과 고가는 각 어미 자식이나 성정은 어찌 그리 똑같던

---

* 진(盡)하다 다하여 없어지다.
* 단망(斷望) 희망이 끊어지는 것.

지, 사공이 고가를 닮았는지, 고가가 사공을 닮았는지, 벌어먹는 길만 다르나 일만 없으면 두 놈이 함께 붙어 지낸다.

무엇을 하느라고 같이 붙어 지내는고. 둘 중에 하나만 돈이 있으면 서로 꾸어 주며 투전을 하고, 둘이 다 돈이 없으면 담배내기 밤윷이라도 아니 놀고는 못 견딘다. 하루 밥을 굶어라 하면 어렵게 여기지 아니하나 하루 노름을 하지 말라 하면 병이 날 듯한 놈들이다.

그 밤에도 고가가 그 사공을 찾아가서 단둘이 밤윷을 놀다가 물 위에서 이상한 소리가 들리나 윷에 미쳐서 정신을 모르다가, 물 위에서 웬 사람이 떠내려오다가 배에 걸려서 허덕거리는 것을 보고 급히 뛰어내려서 건진즉 한 부인이라.

본래 부인이 높은 언덕에서 뛰어내렸더면 물이 깊고 얕고 간에 살기가 어려웠을 터이나, 모래톱에서 물로 뛰어들어가니 그 물이 한두 자 깊이가 될락 말락 한 물이라, 물이 낮아 죽지 아니하였으나 부인은 죽을 마음으로 빠진 고로 얕은 물이라도 죽을 작정만 하고 드러누우니 얼른 죽지는 아니하고 물에 떠서 내려가다가 배에 있던 사람에게 구원한 것이 되었더라. 화약 연기는 구름이 비 묻어 다니듯이 평양의 총소리가 의주로 올라가더니 백마산에는 철환 비가 오고 압록강에는 송장으로 다리를 놓는다.

평양은 난리 평정이 되고 의주는 새로 난리를 만났으니 가령 화재 만난 집에서 안방에는 불을 잡았으나 건넌방에는 불이 붙는 격이라. 안방이나 건넌방이나 집은 한 집이건만 안방 식구는 제 방에만 불 꺼지면 다행으로 안다.

의주서는 피비 오는데 평양 성중에는 차차 웃음소리가 난다. 피난 가서 어느 구석에 숨어 있던 사람들이 차차 모여들어서 성중에는 옛 모양이 돌아온다.

집집의 걸어 닫혔던 대문도 열리고, 골목골목에 사람의 자취가 없던 곳도 사람이 오락가락하고, 개 짖고 연기 나는 모양이 세상은 평화 된 듯하나 북문 안의 김관일의 집에는 대문이 닫힌 대로 있고 그 집 문간에 사람이 와서 찾는 자도 없었더라.

하루는 어떠한 노인이 부담말* 타고 오다가 김씨 집 앞에서 말께 내리더니 김씨 집 대문을 흔들어 본즉 문이 걸리지 아니하였거늘 안으로 들어가더니 나와서 이웃집에 말을 묻는다.

노인 "여보, 말 좀 물어 봅시다. 저 집이 김관일, 김 초시 집이오?"

이웃 사람 "네, 그 집이오, 그 집에 아무도 없나 보오."

노인 "나는 김관일의 장인 되는 사람인데, 내 사위는 만나 보았으나 내 딸과 외손녀는 피난 갔다가 집 찾아왔는지 몰라서 내가 여기까지 온 길이러니, 지금 그 집에 들어가서 본즉 아무도 없기로 궁금하여 묻는 말이오."

이웃 사람 "우리도 피난 갔다가 돌아온 지가 며칠 되지 아니하였으니 이웃집 일이라도 자세히 모르겠소."

노인이 하릴없이 다시 김씨 집에 들어가서 자세히 살펴보니 사람은 난리를 만나 도망하고 세간은 도둑을 맞아서 빈 농짝만 남았는데, 벽에 언문 글씨가 있으니, 그 글씨는 김관일 부인의 필적인데, 대동강 물에 빠져 죽으려고 나가던 날의 세상 영결하는 말이라.

노인이 그 필적을 보고 놀랍고 슬픈 마음을 진정치 못하였더라.

그 노인은 본래 평양 성내에서 살던 최 주사라 하는 사람인데 이름은 항래라. 십 년 전에 부산으로 이사하여 크게 장사하는데, 그 때 나이 오십이라. 재산은 유여하나 아들이 없어서 양자하였더니 양자는 합의치 못하고 소생은 딸 하나 있으니 그 딸을 편애할 뿐 아니라 그 딸을 기를 때에 최 주사는 애쓰고 마음 상하면서 길러낸 딸이요, 눈살 맞고 자라

---

* 부담(負擔)말 짐을 싣는 말.

난 딸인데, 그 딸인즉 김관일의 부인이라.

　최씨가 그 딸 기를 때의 일을 말하자 하면 소진의 혀*를 두셋씩 이어 놓고 삼사월 긴긴 해를 몇씩 포개 놓을지라도 다 말할 수 없는 일이러라. 그 부인의 이름은 춘애라. 일곱 살에 그 모친이 돌아가고 계모에게 길렀는데, 그 계모는 부인 범절에는 사사이 칭찬듣는 사람이나 한 가지 결점이 있으니, 그 흠절은 전실 소생 춘애에게 몹시 구는 것이라.

　세간 그릇 하나라도 전실 부인이 쓰던 것이면 무당 불러서 불살라 버리든지 깨뜨려 버리든지 하여야 속이 시원하여지는 성정이라.

　그러한 계모의 성정에 사르지도 못하고 깨뜨리지도 못할 것은 전실 소생 춘애라. 최씨가 그 딸을 옥같이 사랑하고 금같이 귀애하나 그 후취 부인 보는 때는 조금이라도 귀애하는 모양을 보이면 춘애는 그 계모에게 음해를 받을 터이라.

　그런 고로 최 주사가 그 딸을 칭찬하고 싶은 때도 그 계모 보는 데는 꾸짖고 미워하는 상을 보이는 일도 많다.

　그러면 최 주사가 그 후취 부인에게 쥐어 지내느냐 할 지경이면 그렇지도 아니하다.

　그 후취 부인은 죽어 백골 된 전실에게 투기하는 마음 한 가지만 아니면 아무 흠절이 없으니, 그러한 부인은 쇠사슬로 신을 삼아 신고 그 신이 날이 나도록 조선 팔도를 다 돌아다니더라도 그만한 아내는 얻기가 어렵다 하는 집안 공론이라.

　최씨가 후취 부인과 금실도 좋고 전취 소생 춘애도 사랑하니, 춘애를 위하여 주려 하면 후실 부인의 뜻을 맞추어 주는 일이 상책이라. 춘애가 어려서부터 총명하고 눈치 빠르기로는 어린아이로 볼 수 없다.

　계모에게 따르기를 생모같이 따르면서 혼자 앉으면 눈물을 씻고 죽

---

*　**소진(蘇秦)의 혀**　소진은 중국 전국 시대의 모사. 여기서는 그의 능란한 말솜씨를 말함.

은 어머니 생각하더라. 춘애가 그러한 고생을 하고 자라나서 김관일의 부인이 되었는데, 최씨는 딸을 출가한 딸로 여기지 아니하고 젖먹이는 딸과 같이 안다.

평양의 난리 소문이 다른 사람 듣기에는 이웃집에 초상났다는 소문과 같이 심상히 들리나, 부산 사는 최항래 최 주사의 귀에는 소름이 끼치도록 놀랍고 심려되더니, 하루는 그 사위 김관일이 부산 최씨 집에 와서 난리 겪은 말도 하고, 외국으로 공부하러 가고자 하는 목적을 말하니 최씨가 학비를 주어서 외국에 가게 하고, 최씨는 그 딸과 외손녀의 생사를 자세히 알고자 하여 평양에 왔더니, 그 딸이 대동강 물에 빠져 죽을 차로 벽상에 그 회포를 쓴 것을 보니 그 딸 기를 때의 불쌍하던 마음이 새로이 나서, 일곱 살에 저의 어머니 죽을 때에 죽은 어미의 뺨을 대고 울던 모양도 눈에 선하고, 계모의 눈살을 맞아서 주접이 들던 모양도 눈에 선하고, 내가 부산 갈 때에 부녀가 다시 만나 보지 못하는 듯이 낙루하며 작별하던 모양도 눈에 선한 중에 해는 점점 지고 빈 집에 쓸쓸한 기운은 날이 저물수록 형용하기 어렵더라.

최씨가 데리고 온 하인을 부르는데 근력 없는 목소리로,

"이애 막동아, 부담 떼서 안마루에 갖다 놓아라."

막동 "말은 어데 갖다 매오리까?"

최씨 "마방집에 갖다 매어라."

막동 "소인은 어디서 자오리까?"

최씨 "마방집에 가서 밥이나 사서 먹고 이 집 행랑방에서 자거라."

막동 "나리께서도 무엇을 좀 사다가 잡숫고 주무시면 좋겠습니다."

최씨 "나는 술이나 먹겠다. 부담에 달았던 술 한 병 떼어 오고 찬합만 끌러 놓아라. 혼자 이 방에 앉아 술이나 먹다가 밤새거든 새벽길 떠나서 도로 부산으로 가자. 난리가 무엇인가 하였더니 당하여 보니 인간에 지독한 일은 난리로구나. 내 혈육은 딸 하나, 외손녀 하나뿐

이러니 와서 보니 이 모양이로구나. 막동아, 너같이 무식한 놈더러 쓸데없는 말 같지마는 이후에는 자손 보존하고 싶은 생각 있거든 나라를 위하여라. 우리 나라가 강하였더면 이 난리가 아니 났을 것이다. 세상 고생 다 시키고 길러 낸 내 딸자식 나이 젊고 무병하건마는 난리에 죽었구나. 역질 홍역 다 시키고 잔 주접 다 떨어 놓은 외손녀도 난리 중에 죽었구나."

막동 "나라는 양반님네가 다 망하여 놓으셨지요. 상놈들은 양반이 죽이면 죽었고, 때리면 맞았고, 재물이 있으면 양반에게 빼앗겼고, 계집이 어여쁘면 양반에게 빼앗겼으니, 소인 같은 상놈들은 제 재물 제 계집 제 목숨 하나를 위할 수가 없이 양반에게 매었으니, 나라 위할 힘이 있습니까? 입 한 번을 잘못 놀려도 죽일 놈이니 살릴 놈이니, 오금을 끊어라 귀양을 보내라 하는 양반님 서슬에 상놈이 무슨 사람 값에 갔습니까? 난리가 나도 양반의 탓이올시다. 일청전쟁도 민영춘이란 양반이 청인을 불러왔답니다. 나리께서 난리 때문에 따님 아씨도 돌아가시고 손녀아기도 죽었으니 그 원통한 귀신들이 민영춘이라는 양반을 잡아갈 것이올시다."

하면서 말을 이어 나오니, 본래 그 하인은 주제넘다고 최씨 마음에 불합하나, 이번 난리 중 험한 길에 사람이 똑똑하다고 데리고 나섰더니 이러한 심란 중에 주제넘고 버릇없는 소리를 함부로 하니 참 난리난 세상이라. 난리 중에 꾸짖을 수도 없고 근심 중에 무슨 소리든지 듣기도 싫은 고로 돈을 내어 주며 하는 말이, 막동아 너도 나가서 술이나 싫도록 먹어라.

홧김에 먹고 보자, 하니 막동이는 밖으로 나가고 최씨는 혼자 술병을 대하여 팔자 한탄하다가 술 한 잔 먹고, 세상 원망하다가 술 한 잔 먹고, 딸 생각이 나도 술 한 잔 먹고, 외손녀 생각이 나도 술 한 잔 먹고, 술이 얼큰하게 취하더니 이 생각 저 생각 없이 술만 먹다가 갓 쓴 채로 목침 베고 드러누웠더니 잠이 들면서 꿈을 꾸었더라.

모란봉 아래서 딸과 외손녀를 데리고 피난을 가다가 노략질꾼 도둑을 만나서 곤란을 무수히 겪다가 딸이 도둑을 피하여 가느라고 높은 언덕에서 떨어져 죽는 것을 보고 최씨가 도둑놈을 원망하여 도둑놈을 때려 죽이려고, 지팡이를 들고 도둑을 때리니, 도둑놈이 달려들어 최씨를 마주 때리거늘, 최씨가 넘어져서 일어나려고 애를 쓰는데 도둑놈이 최씨를 깔고 앉아서 멱살을 쥐고 칼을 빼니 최씨가 숨을 쉴 수가 없어 일어나려고 애를 쓰니 최씨가 분명 가위를 눌린 것이다.

곁에서 사람이 최씨를 흔들며, 아버지 여기를 어찌 오셨소, 아버지, 아버지 하는 소리에 깜짝 놀라 깨치니 남가일몽*이라. 눈을 떠서 자세히 본즉 대동강 물에 빠져 죽으려고 벽상에 회포를 써서 붙였던 딸이 살아온지라, 기쁜 마음에 정신이 번쩍 나서 생각한즉 이것도 꿈이 아닌가 의심난다.

최씨 "이애, 네가 죽으려고 벽상에 유언을 써서 놓은 것이 있더니 어찌 살아왔느냐. 아까 꿈을 꾸니 네가 언덕에서 떨어져 죽었더니 지금 너를 보니 이것이 꿈이냐, 그것이 꿈이냐? 이것이 꿈이거든 이 꿈을 이대로 깨지 말고 십 년, 이십 년이라도 이대로 지냈으면 그 아니 좋겠느냐."

하는 말이 최씨 생각에는 그 딸 만나 보는 것이 정녕 꿈 같고 그 딸이 참 살아온 사기는 자세히 모른다.

원래 최씨 부인이 물에 빠져 떠내려갈 때에 뱃사공과 고장팔에게 구한 바이 되었는데, 장팔의 모와 장팔의 처가 그 부인을 교군*에 태워서 저희 집으로 모시고 가서 수일을 극진히 구원하였다가 그 부인이 차차 완인이 되매 그 날 밤 들기를 기다려서 부인이 장팔의 모를 데리고 집

---

* 남가일몽(南柯一夢) 한바탕 꿈.
* 교군(轎軍) 가마. 가마를 메는 사람.

에 돌아온 길이라.

장팔의 모는 길가에서 무엇을 사 가지고 들어온다 하고 뒤떨어졌는데, 그 부인은 발씨 익은 내 집이라 앞서서 들어온즉 안마루에 부담 상자도 있고 안방에는 불이 켜져 밝은지라.

이전 마음 같으면 부인이 그 방문을 감히 열지 못하였을 터이나 별풍상 다 지내고 지금은 겁나는 것도 없고 무서운 것도 없는지라, 내 집 내 방에 누가 와서 들어앉았는가 생각하면서 서슴지 아니하고 방문을 열어 보니 웬 사람이 자다가 가위를 눌려서 애를 쓰는 모양인데, 자세히 본즉 자기의 부친이라.

부인이 그 때에 부친을 만나니 반가운 마음에 아무 말도 아니 하고 나오느니 울음뿐이라.

뒤떨어졌던 고장팔의 모가 들어 달아오면서 덩달아 운다.

"에그, 나리마님이 이 난리 중 여기 오셨네. 알 수 없는 것은 세상 일이올시다. 나리께서 부산으로 이사가실 때에 할미는 늙은 것이라 살아서 다시 나리께 뵙지 못하겠다 하였더니 늙은 것은 살았다가 또 뵈옵는데, 어린 옥련 애기와 젊으신 서방님은 어디 가서 돌아가셨는지 나리 오신 것을 못 만나 뵈네."

하는 말은 속에서 솟아 나오는 인정이라. 그 노파가 인정이 있을 만도 한 사람이라.

고장팔의 모가 본래 최씨 집 종인데 삼십 전부터 드난*은 아니 하나 최씨의 덕으로 살다가 최씨가 이사갈 때에 장팔의 모는 상전을 따라가고자 하나 장팔이가 노름꾼으로 최씨의 눈 밖에 난 놈이라 최씨를 따라가지 못하고 끈 떨어진 뒤웅박같이 평양에 있었더니, 이번에는 노름 덕으로 대동강 배 속에서 밤잠 아니 자고 있다가 최씨 부인 구하여 살렸

---

*드난 자유롭게 드나들며 하는 고용살이.

으니, 장팔이 지금은 노름하는 칭찬도 들을 만하게 되었더라.

최씨 부인이 그 부친에게 남편 김씨가 외국으로 유학하러 갔다는 말을 듣고 만 리의 이별은 섭섭하나 난리 중에 목숨을 보전한 것만 천행으로 여겨서, 부친의 말하는 입을 쳐다보면서 눈에는 눈물이 가득하나 얼굴에는 기쁜 빛을 띠더라.

최 주사 "이 애 김집아, 네 집은 외무주장*하니 여기서 고단하여 살 수 없을 것이니 나를 따라 부산으로 내려가서 내 집에 같이 있으면 좋지 아니하겠느냐?"

딸 "내가 물에 빠져 죽으려 하기는 가장이 죽은 줄로 생각하고 나 혼자 세상에 살아 있기가 싫은 고로 대동강에 빠졌더니, 사람에게 건진 바 되어 살아 있다가 가장이 살아서 외국에 유학하러 갔다는 소식을 들었으니 나는 이 집을 지키고 있다가 몇 해 후가 되든지 이 집에서 다시 가장의 얼굴을 만나 보겠으니, 아버지께서는 딸 생각 말으시고 딸 대신 사위의 공부나 잘 하도록 학비나 잘 대어 주시기를 바라나이다. 나는 이 집에서 장팔의 어미를 데리고 박토 마지기에서 도지 섬 받는 것 가지고 먹고 있겠소. 그러나 옥련이나 있었더면 위로가 되었을 걸, 허구한 세월을 어찌 기다리나."

하는 소리에 최 주사가 흥격이 막히나 다사한 사람이 오래 있을 수 없는 고로 수일 후에 부산으로 내려가고 김씨 부인은 장팔의 어미를 데리고 있으니, 행랑에는 늙은 과부요, 안방에는 젊은 생과부가 있어서 김씨를 오기만 기다리고 세월 가기만 기다린다.

밤에는 밤이 길고 낮에는 낮이 긴데 그 밤과 그 낮을 모아 달 되고 해 되니, 천하에 어려운 것은 사람 기다리는 것이라. 부인의 생각에는 인간의 고생이 나 하나뿐인 줄로 알고 있건마는, 그보다 더 고생하는 사

---

* **외무주장**(外無主張) 밖에 일을 주관하는 사람이 없음.

람이 또 있으니, 그것은 부인의 딸 옥련이라.

당초에 옥련이가 피난 갈 때에 모란봉 아래서 부모의 간 곳 모르고 어머니를 부르면서 발을 동동 구르다가 난데없는 철환 한 개가 넘어오더니 옥련의 왼편 다리에 박혀 넘어져서 그 날 밤을 그 산에서 목숨이 붙어 있었더니, 그 이튿날 일본 적십자 간호수가 보고 야전 병원으로 실어 보내니 군의가 본즉 중상은 아니라.

철환이 다리를 뚫고 나갔는데 군의 말이, 만일 청인의 철환을 맞았으면 철환에 독한 약이 섞인지라 맞은 후에 하룻밤을 지냈으면 독기가 몸에 많이 퍼졌을 터이나, 옥련이가 맞은 철환은 일인의 철환이라 치료하기 대단히 쉽다 하더니 과연 삼 주일이 못 되어서 완연히 평일과 같은지라.

그러나 옥련이는 갈 곳이 없는 아이라, 병원에서 옥련의 집을 물은즉 평양 북문 안이라 하니 병원에서 옥련이가 나이 어리고 또한 정경을 불쌍케 여겨서 통사를 안동하여 옥련의 집에 가서 보라 한즉, 그 때는 옥련의 모친이 대동강 물에 빠져 죽으려고 벽상에 그 사정 써서 붙이고 간 후이라, 통변이 그 글을 보고 옥련을 불쌍히 여겨서 도로 데리고 야전 병원으로 가니, 군의 이노우에 소좌가 옥련의 정경을 불쌍히 여기고 옥련의 자품을 기이하게 여겨 통변을 세우고 옥련의 뜻을 묻는다.

군의 "이애, 너의 아버지와 어머니가 어디로 간 지 모르냐?"

옥련 "……."

군의 "그러면 네가 내 집에 가서 있으면 내가 너를 학교에 보내어 공부하도록 하여 줄 것이니, 네가 공부를 잘 하고 있으면 내가 아무쪼록 너의 나라에 탐지하여 너의 부모가 살았거든 너의 집으로 곧 보내 주마."

옥련 "우리 아버지 어머니가 살아 있는 줄을 알고 나를 도로 우리 집에 보내 줄 것 같으면 아무 데라도 가고, 아무것을 시키더라도 하겠소."

군의 "그러면 오늘이라도 인천으로 보내서 어용선*을 타고 일본으로 가게 할 것이니, 내 집은 일본 오사카라. 내 집에 가면 우리 마누라가 있는데, 아들도 없고 딸도 없으니 너를 보면 대단히 귀애할 것이니 너의 어머니로 알고 가서 있거라."

하면서 귀국하는 병상병에게 부탁하여 일본 오사카로 보내니, 옥련이가 교군 바탕을 타고 인천까지 가서 인천서 윤선을 타니, 등 뒤에는 부모 소식이 묘연하고 눈앞에는 타국 산천이 생소하다.

만일 용렬한 아이가 일곱 살에 난리 피난을 가다가 부모를 잃었으면 어미 아비만 생각하고 낯선 사람이 무슨 말을 물으면 눈물이 비죽비죽하고 주접이 덕지덕지하고 묻는 말을 대답도 시원히 못할 터이나, 옥련이는 어디 그러한 영리하고 숙성한 아이가 있었던지, 혼자 있을 때는 부모를 보고 싶은 마음에 죽을 듯하나 사람을 대할 때는 어찌 그리 천연하던지, 부모 생각하는 기색이 조금도 없더라. 옥련의 얼굴은 옥을 깎아서 연지분으로 단장한 것 같다.

옥련의 부모가 옥련 이름 지을 때에 옥련의 모양과 같이 아름다운 이름을 짓고자 하여 내외 공론이 무수하였더라. 옥같이 희다 하여 옥이라고 부르는 사람은 옥련이 모친이요, 연꽃같이 번화하다 하여 연화라고 부르는 사람은 옥련의 부친이라.

그 아이 이름 짓던 날은 의논이 부산하다가 구화담판 되듯 옥 자, 련 자를 합하여 옥련이라고 지은 이름이라.

부모 된 사람이 제 자식 귀애하는 마음에 혹 시꺼먼 괴석 같은 것도 옥같이 보는 일도 있고, 누렁퉁이나 호박꽃같이 생긴 것도 연꽃같이 보이는 일도 있기는 있지마는, 옥련이 같은 아이는 옥련의 부모의 눈에만

＊ 어용선(御用船) 임금이나 왕실에서 사용하는 배.

그렇게 아름다운 것이 아니라 어떠한 사람이든지 칭찬 아니 하는 사람이 없고, 또 자식 없는 사람이 보면 빼앗아 갈 것같이 탐을 내서 하는 말에, 옥련이를 잡아가서 내 딸이 될 것 같으면 벌써 집어 갔겠다 하는 사람이 무수하였더라.

그러하던 옥련이가 부모를 잃고 만 리 타국으로 혼자 가니, 배 안에 들어 있는 사람들은 소일조로 옥련의 곁에 모여들어서 말 묻는 사람도 있고, 조선말을 하지 못하는 사람들은 행중에서 과자를 내어 주니, 어린아이가 너무 괴롭고 성이 가실 만하련마는 옥련이는 천연할 뿐이라.

만 리 창해에 살같이 빠른 배가 인천서 떠난 지 나흘 만에 오사카에 다다르니, 오사카에서 내릴 선객들은 각기 제 행장을 수습하여 삼판에

내려가느라고 분요하나 옥련이는 행장도 없고 몸 하나뿐이라 혼자 가만히 앉았으니, 어린 소견에도 별 생각이 다 난다.

'남은 제 집 찾아가건마는 나는 뉘 집으로 가는 길인고. 남들은 일이 있어서 오사카에 오는 길이거니와 나 혼자 일없이 타국에 가는 사람이라. 편지 한 장을 품에 끼고 가는 집이 뉘 집인고? 이 편지 볼 사람은 어떠한 사람이며, 이내 몸 위하여 줄 사람은 어떠한 사람인가? 딸을 삼거든 딸 노릇 하고, 종을 삼거든 종 노릇 하고, 고생을 시키거든 고생도 참을 것이요, 공부를 시키거든 일시라도 놀지 않고 공부만 하여 볼까?'

이런 생각 저런 생각, 생각만 하느라고 시름없이 앉았더니, 평양서부터 동행하던 병정이 옥련이를 부르는데, 말을 서로 알아듣지 못하는 고로 눈치로 알아듣고 따라 내려가니, 그 병대는 평양 싸움에서 오른편 다리에 총을 맞고 옥련이와 같이 야전 병원에서 치료하던 사람인데, 철환이 신경맥을 상한 고로 치료한 후에 그 다리가 불편하여 몽둥이에 의지하여 겨우 걸어다니는지라.

그 병대는 앞에 서서 내려가는데, 옥련이가 뒤에 서서 보다가 하는 말이, 나도 다리에 총 맞았던 사람이라. 내가 만일 저 모양이 되었더라면 자결하여 죽는 것이 편하지 살아서 쓸데 있나, 하는 소리를 옥련의 말 알아듣는 사람이 없으니, 그런 말은 못 듣는 것이 좋건마는, 좋은 마디는 그뿐이라. 옥련이가 제일 답답한 것은 서로 말 모르는 것이라. 벙어리 심부름하듯 옥련이가 병정 손짓하는 대로만 따라간다.

옥련의 눈에는 모두 처음 보는 것이라. 항구에는 배 돛대가 삼대 들어서듯 하고, 저잣거리에는 이층, 삼층 집이 구름 속에 들어간 듯하고, 지네같이 기어가는 기차는 입으로 연기를 확확 뿜으면서 배에는 천동 지동하듯 구르며 풍우같이 달아난다. 넓고 곧은 길에 왔다갔다하는 인력거 바퀴 소리에 정신이 없는데, 병정이 인력거 둘을 불러서 저도 타고 옥련이도 태우니 그 인력거들이 살같이 가는지라. 옥련이가 길에서 아장아장 걸을 때에는 인해 중에 넘어질까 조심되어 아무 생각이 없더니, 인력거 위에 올라앉으매 새로이 생각만 난다.

'인력거야, 천천히 가고지고. 이 길만 다 가면 남의 집에 들어가서 밥도 얻어먹고 옷도 얻어입고, 마음도 불안하고 몸도 불편할 터이로구나. 인력거야, 어서 바삐 가고지고. 궁금하고 알고자 하는 일은 어서 바삐 눈으로 보아야 시원하다. 가풍 좋고 인정 있는 사람인지, 집 안에서 찬 기운 나고 사람에게서 독기가 똑똑 떨어지는 집이나 아닌지. 내 운수가 좋으려면 그 집 인심이 좋으련마는 조실 부모하고 만 리 타국에 유리*하는 내 운수에……'

그러한 생각에 눈물이 비 오듯 하며 흑흑 느끼며 우는데 인력거는 벌써 이노우에 군의 집 앞에 와서 내려놓는데, 옥련이가 인력거 그치는 것을 보고 이것이 이노우에 군의 집인가 짐작하고 조심되는 마음에 작은 몸이 더욱 작아진 듯하다.

슬픈 생각도 한가한 때를 타서 나는 것이다. 눈물이 뚝 그치고 아니 나온다.

옥련이가 눈을 이리 씻고 저리 씻고 부산히 씻는 중에 앞에 섰던 인력거꾼이 무슨 소리를 지르매 계집종이 나와서 문간방에 꿇어앉아서 공손히 말을 물으니 병정이 두어 말 하매 종이 안으로 들어가더니 다시 나와서 병정더러 들어오라 하니, 병정이 옥련이를 데리고 이노우에 군의 집 안으로 들어간다.

병정은 이노우에 부인을 대하여 군의 소식을 전하고 옥련의 사기를 말하고 전지의 소경력을 이야기하는데, 옥련이는 이노우에 부인의 눈치만 본다.

---

* 유리(流離) 이곳 저곳으로 떠돌아다님.

부인의 나이는 삼십이 될락말락하니 옥련의 모친과 정동갑이나 아닌지, 연기는 옥련의 모친과 같으나 생긴 모양은 옥련의 모친과 반대만 되었다. 옥련의 모친은 눈에 애교가 있더라. 이노우에 부인은 눈에 살기만 들었더라. 옥련의 모친은 얼굴이 희고 도화색을 띠었더니 이노우에 부인의 얼굴이 희기는 하나 청기가 돈다. 얌전도 하고 쌀쌀도 한데, 군의의 편지를 받아 보면서 옥련이를 흘끔흘끔 보다가 병정더러 무슨 말도 하는 것은 옥련의 마음에는 모두 내 말 하거니 하고 단정히 앉았는데, 병정은 할 말 다 하였는지 작별하고 나가고, 옥련이만 이노우에 군의의 집에 혼자 떨어져 있으니 옥련이가 새로이 생소하고 불편한 마음뿐이라.

부인 "이애 유키코야, 나는 딸 하나 났다."

유키코 "아씨께서 자녀 간에 없이 고적하게 지내시더니 따님이 생겼으니 얼마나 좋으시니까? 그러나 오늘 낳으신 아기가 대단히 숙성하오이다."

부인 "유키코야, 네가 옥련이를 말도 가르치고 언문*도 잘 가르쳐 주어라. 말을 알아듣거든 하루바삐 학교에 보내겠다."

유키코 "내가 작은아씨를 가르칠 자격이 되면 이 댁에 와서 종 노릇 하고 있겠습니까?"

부인 "너더러 어려운 것을 가르쳐 주라는 것이 아니다. 심상 소학교* 일년급 독본이나 가르쳐 주라는 말이다. 네 동생같이 알고 잘 가르쳐 다고. 말을 능통히 알기 전에는 집에서 네가 교사 노릇 하여라. 선생 겸 종 겸 어렵겠다. 월급이나 많이 받으려무나."

유키코 "월급은 더 바라지 아니하거니와 연희장 구경이나 자주 시켜 주시면 좋겠습니다."

---

* 언문 여기서는 일본 글자를 말함.
* 심상 소학교(尋常 小學校) 지금의 중학교.

부인 "유키코야, 우리 옥련이 데리고 잡점에 가서 옥련에게 맞는 부인 양복이나 사서 가지고 목욕집에 가서 목욕이나 시키고 조선 복색을 벗기고 양복이나 입혀 보자."

이노우에 부인은 옥련이를 그렇게 귀애하나 말 못 알아듣는 옥련이는 이노우에 부인의 쓸쓸한 모양에 죽기가 되어 고역 치르듯 따라다닌다.

말 못 하는 개도 사람이 귀애하는 것을 알거든, 하물며 사람이야. 아무리 어린아이기로 저를 사랑하는 눈치를 모를 리가 없는 고로 수일이 못 되어 옥련이가 웅크리고 자던 잠이 다리를 쭉 뻗고 잔다.

이노우에 부인이 날이 갈수록 옥련을 귀애하고 옥련이는 날이 갈수록 이노우에 부인에게 따른다.

옥련의 총명 재질은 조선 역사에는 그러한 여자가 있다고 전한 일은 없으니, 조선 여편네는 안방 구석에 가두고 아무것도 가르치지 아니하였은즉, 옥련이 같은 총명이 있더라도 세상에서 몰랐던지, 이렇든지 저렇든지 옥련이는 조선 여편네에게는 비할 곳 없더라.

옥련의 재질은 누가 듣든지 거짓말이라 하고 참말로는 듣지 아니한다. 일본 간 지 반 년도 못 되어 일본말을 어찌 그렇게 잘하던지, 이노우에 군의 집에 와서 보는 사람들이 옥련이를 일본 아이로 보고 조선 아이로는 보지를 아니한다.

이노우에 부인이 옥련이를 가르치며 저 아이가 조선 아이인데 조선서 온 지가 반 년밖에 아니 된다, 하는 말은 옥련이를 자랑코자 하여 하는 말이나, 듣는 사람은 이노우에 부인의 농담으로 듣다가 유키코에게 자세한 말을 듣고 혀를 홰홰 내두르면서 칭찬하는 소리에 옥련이도 흥이 날 만하겠더라.

호외! 호외! 호외!라고 소리를 지르며 오사카 저자 큰길로 달음박질하여 돌아다니는 사람들이 둘씩 셋씩 지나가니 옥련이가 학교에 갔다

오는 길에 문을 열고 들어오면서,

"여보, 어머니. 저것이 무슨 소리요?"

부인 "네가 온갖 것을 다 알아듣더니 호외는 모르는구나. 그러나 무슨 큰일이 있는지 한 장 사 보자. 얘 유키코야, 호외 한 장 사오너라."

유키코 "네, 지금 가서 사 오겠습니다."

하면서 급히 나가니 옥련이가 달음박질하여 따라 나가면서,

"얘 유키코야, 그 호외를 내가 사 오겠으니 돈을 이리 달라."

하니 유키코가 웃으면서 하는 말이,

"누구든지 먼저 가는 사람이 호외를 산다."

하고 달아나니 유키코는 다리가 길고 옥련이는 다리가 짧은지라. 유키코가 먼저 가서 호외 한 장을 사 가지고 오는 것을 옥련이가 붙들고 호외를 달라 하여 기어이 빼앗아 가지고 와서 하는 말이,

"어머니, 이 호외를 보고 나 좀 가르쳐 주오."

이노우에 부인이 웃으며 받아 보니 오사카 〈매일신문〉 호외라. 한 줄쯤 보고 깜짝 놀라더니 서너 줄쯤 보고 에그 소리를 하면서 호외를 던지고 아무 소리 없이 눈물이 비 오듯 한다.

옥련 "어머니, 어찌하여 호외를 보고 울으시오. 어머니, 어머니……."

부인은 대답 없이 눈물만 흘리니, 옥련이가 유키코를 부르면서 눈에 눈물이 가랑가랑하니, 유키코는 방문 밖에 앉았다가 부인의 낙루하는 것은 못 보고 옥련의 눈만 보고 하는 말이,

"작은아씨가 울기는 왜 울어. 갓 낳은 어린아이와 같이."

옥련 "유키코야, 사람 조롱 말고 들어와서 호외 좀 보고 가르쳐 다고. 어머니께서 호외를 보고 울으시니 호외에 무슨 말이 있는지 왜 울으시는지 자세히 보아라, 어서어서."

유키코 "아씨, 호외에 무슨 일이 있습니까? 아씨께서만 보셨으면 좀 보겠습니다."

유키코가 호외를 들고 보다가 쌩긋 웃더니 그 아래는 자세히 보지 아니하고 하는 말이,

"아씨, 이것 좀 보십시오. 요동 반도가 함락이 되었습니다. 아씨, 우리 일본은 싸움할 적마다 이기니 좋지 아니하옵니까? 에그, 우리 나라 군사가 이렇게 많이 죽었나? 아씨, 이를 어찌하나? 우리 댁 영감께서 돌아가셨네. 만국공법에, 전시에서 적십자기 세운 데는 위태치 아니하더니 영감께서는 군의시건마는 돌아가셨으니 웬일이오니까?"

옥련 "무엇, 아버지가 돌아가셨어……."

옥련이는 소리쳐 울고 부인은 소리 없이 눈물만 떨어지고 유키코는 부인을 쳐다보며 비죽비죽 우니 온 집안이 울음빛이라.

호외 한 장이 온 집안의 화기를 끊어 버렸더라. 이노우에 군의는 인간의 다시 오지 못하는 길을 가고, 이노우에 부인은 찬 베개 빈 방에서 적적히 세월을 보내더라.

조선 풍속 같으면 청상 과부가 시집가지 아니하는 것을 가장 잘난 일로 알고 일평생을 근심 중으로 지내나, 그러한 도덕상의 죄가 되는 악한 풍속은 문명한 나라에는 없는 고로, 젊어서 과부가 되면 시집가는 것은 천하 만국에 부끄러운 일이 아니라. 이노우에 부인이 어진 남편을 얻어 시집을 간다.

부인 "애 옥련아, 내가 젊은 터에 평생을 혼자 살 수 없고 시집을 가려 하는데 너를 거두어 줄 사람이 없으니 그것이 불쌍한 일이로구나……."

옥련의 마음에는 이노우에 부인이 시집가는 곳에 부인을 따라가고 싶으나, 부인이 데리고 가지 아니 할 말을 하니 옥련이는 새로이 평양성 밑 모란봉 아래서 부모를 잃고 발을 구르며 울던 때 마음이 별안간에 다시 난다. 옥련이가 부인의 무릎 위에 푹 엎디며 목이 메어 하는 말이,

"어머니, 어머니가 가시면 나는 누구를 믿고 사나?"

부인 "오냐, 나는 죽은 셈만 치려무나."

옥련 "어머니 죽으면 나도 같이 죽지."

그 소리 한 마디에 부인 가슴이 답답하여 무슨 생각을 하고 있더라. 그 때 부인이 중매더러 말하기를, 내 한 몸뿐이라 하였는데, 남편될 사람도 그리 알고 있으니 이제 새로이 딸 하나 있다 하기도 어렵고, 옥련이가 따르는 모양을 보니 차마 떼치기도 어려운 마음이 생긴다.

부인 "이애 옥련아, 울지 말아라. 내가 시집가지 아니하면 그만이로구나. 내가 이 집에서 네 공부나 시키고 있다가 십 년 후에는 내가 네게 의지하겠으니 공부나 잘 하여라."

옥련 "어머니가 참 시집 아니 가고 집에 있어서 날 공부시켜 주시겠소?"

부인 "오냐, 염려 말아라. 어린아이더러 거짓말 하겠느냐?"

옥련이가 그 말을 듣고 기쁜 마음을 이기지 못하여 여인의 무릎 위에 앉아서 뺨을 대고 어리광을 하더라.

그 후로부터 옥련이가 부인에게 따르는 마음이 더욱 간절하여 학교에 가면 집에 돌아오고 싶은 마음만 있다가 하학 시간이 되면 달음박질하여 집에 와서 부인에게 안겨서 어리광을 한다. 그 어리광이 며칠 못되어 눈치꾸러기가 된다.

부인이 처음에는 옥련의 어리광을 잘 받더니 무슨 까닭인지 옥련이가 어리광을 피면 핀잔만 주고 찬 기운이 돈다. 날이 갈수록 옥련이가 고생길로 들고 근심 중으로 지낸다.

본래 부인이 시집가려 할 때에 옥련의 사정이 불쌍하여 중지하였으나 젊은 부인이 공방에서 고적한 마음이 있을 때마다 옥련이가 미운 마음이 생긴다. 어디서 얻어 온 자식 말고 제 속으로 나온 자식일지라도 귀치 아니한 생각이 날로 더하는 모양이라.

옥련이가 부인에게 귀염받을 때에는 문 밖에 나가기를 싫어하더니, 부인에게 미움받기 시작하더니 문 밖에 나가며 들어오기를 싫어하더라.

부인이 옥련이를 귀애할 때에는 옥련이가 어디 가서 늦게 오면 문에 의지하여 기다리더니, 옥련이를 미워하는 마음이 생기더니 옥련이가 오는 것을 보면,

"에그, 저 원수의 것이 무슨 연분이 있어서 내 집에 왔나!"
하면서 눈살을 아드득 찌푸리더라.

옥련이가 앉아도 그 눈살 밑, 서도 그 눈살 밑, 밥을 먹어도 그 눈살 밑, 잠을 자도 그 눈살 밑, 눈살 밑에서 자라나는 옥련이가 눈치만 늘고 눈물만 흔하더라.

하루가 삼추 같은 그 세월이 삼 년이 되었는데, 옥련이는 심상 소학교 입학한 지 사 년이라. 옥련의 졸업식을 당하여 학교에서 옥련이가 우등생이 된 고로 사람마다 칭찬하는 소리가 옥련의 귀에는 조금도 기뻐 들리지 아니한다. 기뻐 들리지 아니할 뿐 아니라 귀가 아프고 듣기 싫더라.

듣기 싫은 중에 더구나 듣기 싫은 소리가 있으니 무슨 소리런가?

"저 아이는 이노우에 군의의 양녀지. 군의는 요동 반도 함락될 때에 죽었다지. 그 부인은 그 양녀 옥련이를 불쌍히 여겨서 시집도 아니 가고 있다지. 에그, 갸륵한 부인일세. 저 철없는 옥련이가 그 은혜를 다 알는지. 알기는 무엇을 알아. 남의 자식이라는 것이 쓸데없다니 참 갸륵한 일일세. 이노우에 부인이 남의 자식을 길러 공부를 시키려고 젊은 터에 시집을 아니 가고 있으니 드문 일이지."

졸업식에 모인 사람들이 옥련이 재주 있는 것을 추다가 옥련의 의모 되는 부인의 칭찬을 시작하더니, 받고 차기로 말이 끊어지지 아니하니, 옥련이는 그 소리를 들을 적마다 남모르는 설움이 생기더라.

옥련이가 집에 돌아와서 문 열고 들어오면서,

"어머니, 나는 졸업장 맡았소."

부인 "이제는 공부 다 하였으니 어미를 먹여 살려라. 공부를 네가 한 듯하냐? 내가 시키지 아니하였으면 공부가 다 무엇이냐. 네가 조선서 자랐으면 곧 공부하는 구경도 못 하였을 것이다. 네 운수 좋으려고 일청전쟁이 난 것이다. 네 운수는 좋았으나 내 운수만 글렀다. 너 하나 공부시키려고 허구한 세월에 이 고생을 하고 있다."

부인의 덕색의 말이 퍼부어 나오니 옥련이가 고개를 숙이고 가만히 생각한즉, 겨우 소학교 졸업한 계집아이가 제 힘으로는 이노우에 부인을 공양할 수도 없고, 이노우에 부인의 힘을 또 입으면서 공부하기도 싫고 한 가지 생각만 난다.

이 세상을 얼른 버려 이노우에 부인의 눈에 보이지 말고 하루바삐 황천에 가서 난리 중에 죽은 부모를 만나리라 결심하고 천연한 모양으로 부인에게 좋은 말로 대답하고, 그 날 밤에 물에 빠져 죽을 차로 오사카 항구에로 나가다가 항구에 사람이 많은 고로 사람 없는 곳을 찾아간다.

어스름 달밤은 가깝게 있는 사람을 알아볼 만한데, 이리 가도 사람이 있고 저리로 가도 사람이라.

옥련이가 동으로 가다가 돌쳐서서 서쪽으로 향하다가 도로 돌쳐서서 머뭇머뭇하는 모양이 대단히 수상한지라.

등 뒤에서 웬 사람이 '이애! 이애!' 부르는데, 돌아다본즉 순검이라. 옥련이가 소스라쳐 놀라 얼른 대답을 못 하니 순검이 더욱 의심이 나서 앞에 와 서서 말을 묻는다. 옥련이가 대답할 말이 없어서 억지로 꾸며 대답하되, 권공장에 무엇을 사러 나왔다가 집을 잃고 찾아다닌다 하니, 순검이 다시 의심 없이 옥련의 집 통수를 묻더니 옥련이를 데리고 옥련의 집에 와서 이노우에 부인에게 옥련이가 집 잃었던 사기를 말하니, 부인이 순검에게 사례하여 작별하고 옥련이를 방으로 불러 앉히고 말을 묻는다.

부인 "이애, 네가 무슨 일이 있어서 이 밤중에 항구에 나갔더냐? 미친 사람이 아니거든 동으로 가다 서로 가다 남으로 북으로 온 오사카를 헤매더라 하니 무엇하러 나갔더냐? 너 같은 딸 두었다가 망신하기 쉽겠다. 신문거리만 되겠다."

그러한 꾸지람을 눈이 빠지도록 듣고 있으나 옥련이는 한 번 정한 마음이 있는 고로 설움이 더할 것도 없고 내일 밤 되기만 기다린다.

그 날 밤에 부인은 과부 설움으로 잠이 들지 못하여 누웠다가 일어나서 껐던 불을 다시 켜고 소설 한 권을 보다가 그 책을 놓고 우두커니 앉아서 무슨 생각을 하는 모양이라.

윗목에서 상직 잠자던 노파가 벌떡 일어나더니 하는 말이,

"아씨, 왜 주무시다가 일어나셨습니까?"

부인 "팔자 사납고 근심 많은 사람이 잠이 잘 오나."

노파 "아씨께서 팔자 한탄하실 것이 무엇 있습니까? 지금도 좋은 도리를 하시면 좋아질 것이올시다. 이 때까지 혼자 고생하신 것도 작은아씨 하나를 위하여 그리하신 것이 아니오니까?"

부인 "글쎄 말일세. 남의 자식을 위하여 이 고생을 하고 있는 것이 내가 병신이지."

노파 "그러하거든 작은아씨가 아씨를 고마운 줄이나 알면 좋지마는, 고마워하기는 고사하고 아씨 보면 곁눈질만 살살 하고 아씨를 진저리를 내는 모양이올시다."

부인 "글쎄 말일세. 내가 저 하나를 위하여 가려 하던 시집도 아니 가고 삼 년 사 년을 이 고생을 하고 있으니 아무리 어린것일지라도 나를 고마운 줄 알 터인데 고것 그리 발칙하게 구네그려. 오늘 밤 일로 말하더라도 이상한 일이 아닌가? 어린것이 이 밤중에 무엇하러 항구에를 나갔단 말인가? 물에나 빠져 죽으려고 갔는지 모르겠지마는, 내가 제게 무엇을 그리 몹시 굴어서 제가 설운 마음이 있어 죽으려 하였단 말인

가? 아무리 생각하여도 모를 일일세. 만일 죽고 보면 세상 사람들은 내가 구박이나 한 줄로 알겠지. 그런 못된 것이 있나?"

노파 "죽기는 무엇을 죽어요. 죽을 터이면 남 못 보는 곳에 가서 죽지. 이리 가다가 저리 가다가 오사카 바닥을 다 다니다가 순검의 눈에 띄겠습니까? 아씨의 몹쓸 흠만 드러낼 마음으로 그리한 것이올시다. 아씨께서는 고생만 하시고 댁에 계셔도 쓸데없습니다. 아씨께서 가시려면 진작 가셔야지, 한 나이라도 젊으셨을 때에 가셔야 합니다. 할미는 나이 오십이 되고 머리가 희뜩희뜩하여 생각하면 어느 틈에 나이를 이렇게 먹었는지, 세월같이 무정하고 덧없는 것은 없습니다."

부인 "남도 저렇게 늙었으니 낸들 아니 늙고 평생에 이 모양으로만 있겠나? 어디든지 내 몸 하나 가서 고생 아니 할 곳이 있으면 내일이라도 가고 모레라도 가겠다."

부인과 노파는 옥련이가 잠이 든 줄 알고 하는 말인지, 잠이 들었든지 아니 들었든지 말을 듣든지 말든지 관계없이 하는 말인지, 부인이 옥련이를 버리고 시집가기로 결심하고 하는 말이라.

옥련이는 그 날 밤에 물에 빠져 죽으러 나갔다가 죽지도 못하고 순검에게 붙들려 들어와서 이노우에 부인 앞에서 잠을 자는데, 소리를 삼키고 눈물을 흘리다가 정신이 혼혼하여 잠이 잠깐 들었는데 일몽을 얻었더라.

옥련이가 죽으려고 평양 대동강으로 찾아나가는데 걸음이 걸리지 아니하여 대동강이 보이면서 갈 수가 없어서 애를 무수히 쓰는데 홀연히 등 뒤에서 옥련아, 옥련아 부르는 소리가 들리거늘 돌아다보니 옥련의 어머니라. 별로 반가운 줄도 모르고 하는 말이, 어머니는 어디로 가시오, 나는 오늘 물에 빠져 죽으러 나왔소 하니, 옥련의 모친이 하는 말이 이애 죽지 말아라, 너의 아버지께서 너 보고 싶다 하는 편지를 하셨더라 하는 말끝을 마치지 못하여, 이노우에 부인의 앞에서 노파가 자다가 일어나면서, 아씨 왜 주무시다가 일어났습니까? 하는 소리에 옥련이가 잠이 깨었는데, 그 잠이 다시 들어서 그 꿈을 이어 꾸었으면 좋겠다 하는 생각을 하나 이노우에 부인과 노파가 받고 차기로 옥련이 말만 하니, 정신이 번쩍 나고 잠이 다 달아나서 그 꿈을 이어 보지 못할지라.

불빛을 등지고 드러누웠는데, 귀에 들리나니 가슴 아픈 소리라. 노파는 부인의 마음 좋도록만 말하니, 부인은 하룻밤 내에 노파와 어찌 그리 정이 들었던지 노파더러 하는 말이,

"여보게, 내가 어디로 가든지 자네는 데리고 갈 터이니 그리 알고 있으라."

하니 노파의 대답이,

"아씨께서 가실 것은 무엇 있습니까? 서방님이 이 댁에로 오시지요. 아씨는 시댁 간다 하지 말고 서방님이 장가 오신다 합시오. 아씨께서 재물도 있고 이러한 좋은 집도 있으니, 서방님 되시는 이가 재물은 있든지 없든지 마음만 착하시면 좋겠습니다. 작은아씨는 어디로 쫓아 보내시면 그만이지요. 할미는 죽기 전에 아씨만 모시고 있겠으니 구박이나 맙시오."

부인이 할미더러 포도주 한 병을 가져오라 하면서 하는 말이,

"자네 말을 들으니 내 속이 시원하고 내 근심이 다 어디로 갔는지 모르겠네. 내가 아무리 무정한들 자네 구박이야 하겠나? 술이나 먹고 잠이나 자세."

하더니 포도주 한 병을 둘이 다 따라 먹고 드러눕더니 부인과 노파가 잠이 깊이 드는 모양이러라.

자명종은 새로 세 시를 땡땡 치는데, 노파의 코고는 소리는 반자를 울린다. 옥련이가 일어나서 한참을 가만히 앉아서 노파의 드러누운 것을 흘겨보며 하는 말이,

"이 몹쓸 늙은 여우야, 사람을 몇이나 잡아먹고 이 때까지 살았느냐? 나는 너 보기 싫어 급히 죽겠다. 너는 저 모양으로 백 년만 더 살아라."

하더니 다시 머리 들어 이노우에 부인을 보며 하는 말이,

"내 몸을 낳은 사람은 평양 아버지 평양 어머니요, 내 몸을 살려서 기른 사람은 이노우에 아버지와 오사카 어머니라. 내 팔자 기박하여 난리 중에 부모 잃고, 내 운수 불길하여 전쟁 중에 이노우에 아버지가 돌아가니, 어리고 약한 이내 몸이 만 리 타국에서 오사카 어머니만 믿고 살았소. 내 몸이 어머니의 그러한 은혜를 입었는데, 내 몸을 인연하여 어머니 근심되고 어머니 고생되면 그것은 옥련의 죄올시다. 옥련이가 살아서는 어머니 은혜를 갚을 수가 없소. 하루바삐 한시바삐, 바삐 죽었으면 어머니에게 걱정되지 아니하고 내 근심도 잊어 모르겠소. 어머니, 나는 가오. 부디 근심 말고 지내시오."

하면서 눈물이 비 오듯 하다가 한참 진정하여 일어나더니 문을 열고 나가니 가려는 길은 황천이라. 항구에 다다르니 넓고 깊은 바닷물은 하늘에 닿은 듯한데, 옥련이 가는 곳은 저 길이라. 옥련이가 그 물을 바라보고 하는 말이,

"오냐, 반갑다. 오던 길로 도로 가는구나. 일청전쟁이 일어났을 때에 그 전쟁은 우리 집에서 혼자 당한 듯이 내 부모는 죽은 곳도 모르고, 내 몸에는 총을 맞아 죽게 된 것을 이노우에 군의의 손에 목숨이 도로 살아나서 어용선을 타고 저 바다로 건너왔구나. 오기는 물 위의 길로 왔거니와 가기는 물 속 길로 가리로다. 내 몸이 저 물에 빠지거든 이 물에서 썩지 말고 물결 바람결에 몸이 둥둥 떠서 고베, 마노세키 지나가서 쓰시마 앞으로 조선 해협 바라보며 살같이 빨리 가서 진남포로 들어가서 대동강 하류에서 역류하여 올라가면 평양 북문 볼 것이니 이 몸이 썩더라도 대동강에서 썩고지고. 물아 부탁하자, 나는

너를 쫓아간다."

하는 소리에 바닷물은 대답하는 듯이 물소리가 솟아쳐서 천하가 다 물소리 속에 있는 것 같은지라. 옥련이가 정신이 아뜩하여 폭 고꾸라졌다. 서럽고 원통한 맺힌 마음에 기색을 하였다가 그 기운이 조금 돌면서 그대로 잠이 들어 또 꿈을 꾸었더라.

뒤에서 옥련아, 옥련아, 부르는 소리만 들리고 사람은 보이지 아니하는데 옥련의 마음에는 옥련의 어머니라. 이애 죽지 말고 다시 한 번 만나 보자, 하는 소리에 옥련이가 대답하려고 말을 냅뜨려 한즉, 소리가 나오지 아니하여 애를 쓰다가 소리를 버럭 지르면서 옥련이가 정신이 나서 눈을 떠 보니 하늘의 별은 총총하고 물소리는 그윽한지라. 기색을 하였던지 잠이 들었던지 정신이 황홀하다. 옥련이가 다시 생각하되 내가 오늘 밤에 꿈을 두 번이나 꾸었는데, 우리 어머니가 나더러 죽지 말라 하였으니, 우리 어머니가 살아 있는가 의심이 나서 마음을 진정하여 고쳐 생각한다.

'어머니가 이 세상에 살아 있어서 평생에 내 얼굴 한 번 보고자 하는 마음으로 하늘이 감동되고 귀신이 돌아보아 내 꿈에 현몽하니 내가 죽으면 부모에게 불효이라. 고생이 되더라도 참는 것이 옳은 일이요, 근심이 있더라도 잊어버리는 것이 옳은 일이라. 오냐, 일곱 살부터 지금까지 고생으로 살았으니 죽지 말고 살았다가 부모의 얼굴이나 한 번 다시 보고 죽으리라.'

하고 돌아서서 오사카로 다시 들어가니, 그 때는 날이 새려 하는 때라, 걸음을 바삐 걸어 이노우에 군의의 집 앞에 가서 들어가지 아니하고 가만히 들은즉 노파의 목소리가 들리는지라.

노파 "아씨, 아씨, 작은아씨가 어디 갔습니까?"

부인 "응, 무엇이야, 나는 한잠에 내쳐 자고 이제야 깨었네. 옥련이가 어디로 가? 뒷간에 갔는지 불러 보게."

노파 "내가 지금 뒷간에 다녀오는 길이올시다. 안으로 걸었던 대문
　　　이 열렸으니, 밖으로 나간 것이올시다."
하는 소리에 옥련이가 들어갈 수 없어서 도로 돌쳐서니 갈 곳이 없는
지라.

　　정한 마음 없이 정거장으로 나가니, 그 때 일 번 기차에 떠나려 하는
행인들이 정거장으로 모여드는지라. 옥련의 마음에 도쿄나 가고 싶으
나 도쿄까지 갈 기차표 살 돈은 없고 다만 이십 전이 있는지라.

　　옥련이가 오사카만 떠나서 어디든지 가면 남의 집에 봉공하고 있을
터이라 결심하고 이바라키 정거장까지 가는 기차표를 사서 일 번 기차
를 타니, 삼등 차에 사람이 너무 많이 들어서 옥련이가 앉을 곳을 얻지
못하고 섰는데 등 뒤에서 웬 서생이 조선말로 혼자 중얼중얼 하는 말
이,

　　"웬 계집아이가 남의 앞에 와 섰다."
하는 소리에 옥련이가 돌아다보니 나이 십칠팔 세 되고 얼굴은 볕에 그
을러 익은 복숭아 같고 코는 우뚝 서고 눈은 만판 정신기 있는데, 입기
는 양복을 입었으나 양복은 처음 입은 사람같이 서툴러 보이는지라. 옥
련이가 돌아다보는 것을 보더니 또 조선말로 혼자 하는 말에,

　　"그 계집아이 똑똑하다. 재주 있겠다. 우리 나라 계집아이 같으면 저
　　러한 것들이 판판이 놀겠지. 여기서는 저런 것들도 공부를 한다 하니
　　저것은 무엇하는 계집아이인지."
　　그러한 소리를 곁의 사람이 아무도 못 알아들으나 옥련의 귀에는 알
아들을 뿐이 아니라, 오사카에 온 지 몇 해 만에 고국말 소리를 처음 듣
는지라.

　　반갑기가 측량없으나 계집아이 마음이라 먼저 말하기도 부끄러운 생
각이 있어서 말을 못 하고, 옥련이도 혼자말로 서생의 귀에 들리도록
하는 말이,

"어디 가 좀 앉을 곳이 있어야지, 서서 갈 수가 있나."

하는 소리에, 뒤에 있던 서생이 이상히 여겨서 하는 말이,

"그 아이가 조선 사람인가? 나는 일본 계집아이로 보았더니 조선말을 하네?"

하더니 서슴지 아니하고 말을 묻는다.

"이애, 네가 조선 사람이 아니냐?"

옥련 "네, 조선 사람이오."

서생 "그러면 몇 살에 와서 몇 해가 되었느냐?"

옥련 "일곱 살에 와서 지금 열한 살이 되었소."

서생 "와서 무엇하였느냐?"

옥련 "심상 소학교에서 공부하고 어제가 졸업식하던 날이오."

서생 "너는 나보다 낫구나. 나는 이제 공부하러 미국으로 가려 하는데, 말도 다르고 글도 다른 미국을 가면 글자 한 자 모르고 말 한 마디 모르는 사람이 어찌 고생을 할는지, 너는 일본에 온 지가 사오 년이 되었다 하니 이제는 고생을 다 면하였겠구나. 어린아이가 공부하러 여기까지 왔으니 참 갸륵한 노릇이다."

옥련 "당초에 여기 올 때에 공부할 마음으로 왔으면 칭찬을 들어도 부끄럽지 아니하겠으나, 운수 불행하여 고생길로 여기까지 왔으니 칭찬을 들어도……."

하면서 목이 메는 소리로 눈에 눈물이 가랑가랑하여 고개를 살짝 수그린다.

서생이 물끄러미 보고 서로 아무 말이 없는데, 정거장 호각 한 소리에 기차 화통에서 흑운 같은 연기를 훅훅 내뿜으면서 기차가 달아난다. 옥련의 마음에 이바라키 정거장에 가면 내려야 할 터인데, 어떠한 집에 가서 어떠한 고생을 할지 앞길이 망연한지라.

옥련이가 가고자 하는 길을 갈 지경이면 이바라키 가는 동안이 대단

히 더딘 듯하련마는, 기차표대로 이바라키 외에는 더 갈 수 없는 고로 싫어도 내릴 곳이라. 형세 좋게 달아나는 기차의 서슬은 오늘 해 전에 하늘 밑까지 갈 듯한데, 이바라키 정거장이 멀지 아니하다.

서생 "이애, 네가 어디까지 가는지 서서 가면 다리가 아파 가겠느냐?"

옥련 "이바라키까지 가서 내릴 터이오."

서생 "이바라키에 아는 사람이 있느냐?"

옥련 "없어요."

서생 "그러면 이바라키에 왜 가느냐?"

옥련이가 수건으로 눈을 씻고 대답을 아니 하는데, 서생이 말을 더 묻고 싶으나 곁의 사람들이 옥련이와 서생을 유심히 보는지라, 서생이 새로이 시치미를 떼고 창 밖으로 머리를 두르고 먼산을 바라보나 정신은 옥련의 눈물나는 눈에만 있더라.

빠르던 기차가 천천히 가다가 딱 멈추면서 반동되어 뒤로 물러나니 섰던 옥련이가 넘어지며 손으로 서생의 다리를 잡으니, 공교히 서생 다리의 신경맥을 짚은지라.

그 때 서생은 창 밖만 보고 앉았다가 입을 딱 벌리면서 깜짝 놀라 돌아다보니 옥련이가 무심중에 일본말로 실례라 하나, 그 서생은 일본말을 모르는 고로 알아듣지는 못하나 외양으로 가엾어하는 줄로 알고 그 대답은 없이 좋은 얼굴빛으로 딴말을 한다.

서생 "네 오는 곳이 이 정거장이냐?"

하던 차에 장거수*가 돌아다니면서 이바라키 이바라키, 이바라키 이바라키, 이바라키 이바라키라 소리를 지르며 문을 여니 옥련이는 어린 몸에 일본 풍속에 젖은 아이라 서생에게 향하여 허리를 굽히며 또 일본말

---

* 장거수(掌車手) 전차나 기차의 차장.

로 작별 인사하면서 기차에 내려가니, 구름같이 내려가는 행인 중에 나막신 소리뿐이라.

서생은 정신이 얼떨한데, 옥련이 가는 모양을 보고자 하여 창 밖으로 내다보니 사람에 섞이어서 보이지 아니하는지라.

서생이 가방을 들고 옥련이를 쫓아 나가다가 정거장 나가는 어귀에서 만난지라. 옥련이가 이상히 보면서 말없이 나가니 서생도 또한 아무 말없이 따라 나가더라.

옥련이가 정거장 밖으로 나가더니 갈 바를 알지 못하여 우두커니 섰거늘, 벌어먹기에 눈에 돈 동록이 앉은 인력거꾼은 옥련의 뒤를 따라가며 인력거를 타라 하니, 돈 없고 갈 곳 모르는 옥련이는 거들떠보지도 아니하고 섰다.

서생 "이애, 내가 네게 청할 일이 있다. 나는 일본에 처음으로 오는 사람이라 네게 물어 볼 일이 있으니, 주막으로 잠깐 들어갔으면 좋겠으니 네 생각에 어떠하냐?"

옥련 "그러면 저기 여인숙이 있으니 잠깐 들어가서 할 말을 하시오."
하면서 앞서 가니, 이바라키에 처음 오기는 서생이나 옥련이나 일반이건마는, 옥련이는 이바라키에 몇 번이나 와서 본 사람과 같이 익달한 모양으로 여인숙으로 들어가더라.

여인숙 하인이 삼층집 제일 높은 방으로 인도하고 내려가니, 서생은 모두 처음 보는 것이라. 정신이 황홀하여 옥련이 만난 것을 다행히 여긴다.

서생 "이애, 내가 여기만 와도 이렇듯 답답하니 미국에 가면 오죽하겠느냐? 너는 타국에 와서 오래 있었으니 별 물정 다 알겠구나. 우선 네게 좀 배울 것도 많거니와, 만리 타국에서 뜻밖에 만났으니 서로 있는 곳이나 알고 헤지자. 나는 공부하고자 하는 마음으로 부모도 모르게 미국에 갈 차로 나섰더니 불과 여기를 와서 이렇듯 답답한 생각만 나니 어찌하면 좋을지 모르겠다."

하는 소리에 옥련이는 심상한 고국 사람을 만난 것 같지 아니하고 친부모나 친형제나 만난 것 같다.

모란봉 아래서 발을 구르고 울던 일부터 오사카 항구에서 물에 빠져 죽으려던 일까지 낱낱이 말한다.

서생 "그러면 우리 둘이 미국으로 건너가서 공부나 하고 있다가 너의 부모 소식을 듣거든 네 먼저 고국으로 가게 하여 주마."

옥련 "……."

서생 "오냐, 학비는 염려 말아라. 우리들이 나라의 백성되었다가 공부도 못 하고 야만을 면치 못하면 살아서 쓸데 있느냐. 너는 일청전쟁을 너 혼자 당한 듯이 알고 있나 보다마는, 우리 나라 사람이 누가 당하지 아니한 일이냐. 제 곳에 아니 나고 제 눈에 못 보았다고 태평성세로 아는 사람들은 밥벌레라. 사람 사람이 밥벌레가 되어 세상을 모르고 지내면 몇 해 후에는 우리 나라에서 일청전쟁 같은 난리를 당할 것이라. 하루 바삐 공부하여 우리 나라의 부인 교육은 네가 맡아 문명길을 열어 주어라."

하는 소리에 옥련의 첩첩한 근심이 씻은 듯이 다 없어졌는지라.

그 길로 요코하마까지 배를 타니, 태평양 넓은 물에 마름같이 떠서 화살같이 밤낮 없이 달아나는 화륜선이 삼 주일 만에 샌프란시스코에 이르러 닻을 주니 이 곳부터 미국이라.

조선서 낮이 되면 미국에는 밤이 되고 미국에서 밤이 되면 조선서는 낮이 되어 주야가 상반되는 별천지라. 산도 설고 물도 설고 사람도 처음 보는 인물이라. 키 크고 코 높고 노랑 머리 흰 살빛에, 그 사람들이 도덕심이 배가 툭 처지도록 들었더라도 옥련의 눈에는 무섭게만 보인다.

서생과 옥련이가 육지에 내려서 갈 바를 몰라 공론이 부산하다.

서생 "이애 옥련아, 네가 영어를 할 줄 아느냐? 조금도 모르느냐? 한 마디도……. 그러면 참 딱한 일이로구나. 어디인지 물어 볼 수가 없구나."

사오층 되는 높은 집은 구름 속 하늘 밑에 닿은 듯한데, 물 끓듯 하는 사람들이 돌아들고 돌아나는 모양은 주막집 같은 곳도 많이 보이나 언어를 통치 못하는 고로 어린 서생들이 어찌하면 좋을지 알지 못하여 옥련이가 지향없이 사람들을 대하여 일어로 무슨 말을 물으니, 서생의 마음에는 옥련이가 영어를 조금 알면서 겸사로 모른다 한 줄로 알고 알아듣지도 못하는 소리를 바싹 들어서서 듣는다.

옥련의 키로 둘을 포개 세워도 쳐다볼 듯한 키 큰 부인이 얼굴에는 새그물 같은 것을 쓰고 무 밑둥같이 깨끗한 어린아이를 앞세우고 지나가다가 옥련의 말하는 소리를 듣고 무엇이라 대답하는지, 서생과 옥련의 귀에는 바바…… 하는 소리 같고 말하는 소리 같지는 아니한지라.

그 부인이 뒤의 프록 코트* 입은 남자를 돌아보면서 또 바바바…… 하니, 그 남자는 청국말을 하는 양인이라. 청국말로 무슨 말을 하는데, 서생과 옥련의 귀에는 '또바' 하는 소리 같고 말소리 같지 아니하다.

서생은 옥련이가 그 말을 알아들은 줄로 알고,

서생 "이애, 그것이 무슨 말이냐?"

옥련 "……."

서생 "그 남자의 말도 못 알아들었느냐……?"

그렇듯 곤란하던 차에 청인 노동자 한 패가 지나거늘 서생이 쫓아가서 필담하기를 청하니, 그 노동자 중에는 한문자 아는 사람이 없는지 손으로 눈을 가리더니 그 손을 다시 들어 홰홰 내젓는 모양이 무식하여 글자를 못 알아본다 하는 눈치다.

---

* **프록 코트** 신사용의 서양식 예복.

그 때 마침 어떠한 청인이 햇빛에 윤이 질 흐르고 흐르는 비단옷을 입고 마차를 타고 풍우같이 달려가는데, 서생이 그 청인을 가리키며 옥련이더러 하는 말이, 저러한 청인은 무식할 리가 만무하다 하면서 소리를 버럭 지르니, 마차 탄 사람은 그 소리를 들었으나 차 메고 달아나는 말은 그 소리 듣고 아니 듣고 간에 네 굽을 모아 달아나는데 서생의 소리가 다시 마차에 들릴 수 없는지라.

마차 탄 청인이 차부더러 마차를 멈추라 하더니 선뜻 뛰어내려서 서생의 앞으로 향하여 오니 서생이 연필을 가지고 무엇을 쓰려 하는데, 청인이 옥련의 옷을 본즉 일복이라, 일본 사람으로 알고 옥련에게 향하여 일어로 말을 물으니, 옥련이가 기쁜 마음을 이기지 못하여 청인 앞으로 와서 말대답을 하는데 서생은 연필을 멈추고 섰더라.

원래 그 청인은 일본에 잠시 유람한 사람이라, 일본말을 한두 마디 알아들으나 장황한 수작은 못 하는지라. 옥련이가 첩첩한 말이 나올수록 그 청인의 귀에는 점점 알아들을 수 없고 다만 조선 사람이라 하는 소리만 알아들은지라.

청인이 다시 서생을 향하여 필담으로 대강 사정을 듣고 명함 한 장을 내더니 어떠한 청인에게 부탁하는 말 몇 마디를 써서 주는데, 그 명함을 본즉 개혁당의 유명한 강유위*라.

그 명함을 전할 곳은 일어도 잘하는 청인인데, 다년 샌프란시스코에 있던 사람이라. 그 사람의 주선으로 서생과 옥련이가 미국 워싱턴에 가서 청인 학도들과 같이 학교에 들어가서 공부를 하고 있더라.

옥련이가 미국 워싱턴에 다섯 해를 있어서 하루도 학교에 아니 가는

* **강유위**(康有爲) 캉 유웨이. 중국 청나라 말기의 정치가(1856~1927).

강유위

날이 없이 다니며 공부를 하는데, 재주 있고 부지런한 사람으로, 그 학교 여학생 중에는 제일 칭찬을 듣는지라.

그 때 옥련이가 고등 소학교에서 졸업 우등생으로 옥련의 이름과 옥련의 사적이 워싱턴 신문에 났는데, 그 신문을 보고 이상히 기뻐하는 사람이 하나이 있었는데, 어찌 그렇게 기쁘던지 부지중 눈물이 쏟아진다. 기쁜 마음을 이기지 못하여 도리어 의심을 낸다. 의심 중에 혼자말로 중얼중얼한다.

"조선 사람의 일을 영서로 번역한 것이라 혹 번역이 잘못되었나. 내가 미국에 온 지가 십 년이나 되었으나 영문에 서툴러서 보기를 잘못 보았나."

그렇게 다심*하게 생각하는 사람의 성명은 김관일인데, 그 딸의 이름이 옥련이라. 일청전쟁 났을 때에 그 딸의 사생을 모르고 미국에 왔는데, 그 때 워싱턴 신문에 난 말은 옥련의 학교 성적과, 평양 사람으로 일곱 살에 일본 오사카 가서 심상 소학교 졸업하고 그 길로 미국 워싱턴에 와서 고등 소학교에서 졸업하였다 한 간단한 말이라.

김씨가 분명히 자기의 딸이라고는 질언할 수 없으나, 옥련이라 하는 이름과 평양 사람이라는 말과 일곱 살에 집 떠났다 하는 말은 김관일의 마음에 정녕 내 딸이라고 생각 아니 할 수도 없는지라.

김씨가 그 학교에 찾아가니, 그 때는 그 학교에서 학도 졸업식 후의 서중 휴학이라, 학교에 아무도 없는 고로 물을 곳이 없는지라, 김씨가 옥련을 만나지 못하고 돌아왔더라. 옥련이가 졸업하던 날에 학교 졸업장을 가지고 호텔로 돌아가니, 주인은 치하하면서 옥련의 얼굴빛을 이상히 보더라.

옥련이가 수심이 첩첩한 모양으로 저녁 요리도 먹지 아니하고 서산

＊다심(多心) 걱정이나 마음 쓰는 일이 많음.

에 떨어지는 해를 쳐다보며 탄식하더라.

그 때 마침 밖에 손이 와서 찾는다 하는데, 명함을 받아 보더니 옥련이가 얼굴빛을 천연히 고치고 손을 들어오라 하니, 그 손이 보이를 따라 들어오거늘 옥련이가 선뜻 일어나며 그 사람의 손을 잡아 인사하고 테이블 앞에서 마주 향하여 의자에 걸터앉으니, 그 손은 옥련이와 일본 오사카서 동행하던 서생인데 그 이름은 구완서라.

구완서 "네 졸업을 감축한다. 허허, 계집의 재주가 사나이보다 나은 것이로구나. 너는 미국 온 지 일 년 만에 영어를 대강 알아듣고 학교에까지 들어가서 금년에 졸업을 하였는데, 나는 미국 온 지 두 해 만에 중학교에 들어가서 내년에 졸업이라. 네게는 백기를 들고 항복 아니 할 수가 없다."

옥련이가 대답을 하는데, 일본에서 자라난 사람이라 말을 하여도 일본 말투가 많더라.

"내가 그대의 은혜를 받아서 오늘 이렇게 공부를 하였으니 심히 고맙소."

하니 일본 풍속에 젖은 옥련이는 제 습관으로 말하거니와, 구씨는 조선서 자란 사람이라 조선 풍속으로 옥련이가 아이인 고로 해라를 하다가 생각한즉 저도 또한 아이라.

구완서 "허허허, 우리들이 조선 사람인즉 조선 풍속대로만 수작하자. 우리 처음 볼 때에 네가 나이 어린 고로 내가 해라를 하였더니 지금은 나이 열여섯 살이 되어 저렇게 체대하니 해라 하기가 서먹서먹하구나."

옥련 "조선 풍속대로 말하자 하시면서 아이를 보고 해라 하시기가 서먹서먹하세요?"

구완서 "허허허, 요절할 일도 많다. 나도 지금까지 장가를 아니 든 아이라, 아이는 일반이니 너도 나보고 해라 하는 것이 좋은 일이니

숫접게* 너도 나더러 해라 하여라. 그리하면 내가 너더러 해라 하더라도 불안한 마음이 없겠다."

옥련 "그대는 부인이 계신 줄로 알았더니……. 미국에 오실 때 십칠 세라 하셨으니 조선같이 혼인을 일찍 하는 나라에서 어찌하여 그 때까지 장가를 아니 들으셨소?"

구완서 "너는 나더러 종시 해라 소리를 아니 하니 나도 마주 하오를 할 일이로구, 허허허. 그러나 말대답은 아니 하고 딴소리만 하여서 대단히 실례하였다. 내가 우리 나라에 있을 때에 우리 부모가 내 나이 열 두서너 살부터 장가를 들이려 하는 것을 내가 마다하였다. 우리 나라 사람들이 조혼하는 것이 옳은 일이 아니라. 나는 언제든지 공부하여 학문 지식이 넉넉한 후에 아내도 학문 있는 사람을 구하여 장가들겠다. 학문도 없고 지식도 없고 입에서 젖내가 모락모락 나는 것을 장가들이면 짐승의 자웅같이 아무것도 모르고 음양 배합의 낙만 알 것이라. 그런 고로 우리 나라 사람들이 짐승같이 제 몸이나 알고 제 계집 제 새끼나 알고 나라를 위하기는 고사하고 나라 재물을 도둑질하여 먹으려고 눈이 벌겋게 뒤집혀서 돌아다니는 것이 다 어려서 학문을 배우지 못한 연고라. 우리가 이 같은 문명한 세상에 나서 나라에 유익하고 사회에 명예 있는 큰 사업을 하자 하는 목적으로 만리 타국에 와서 쇠공이를 갈아 바늘 만드는 성력을 가지고 공부하여 남과 같은 학문과 같은 지식이 나날이 달라 가는 이 때에 장가를 들어서 색계상에 정신을 허비하면 유지한 대장부가 아니라. 이애 옥련아, 그렇지 아니하냐?"

구씨의 활발한 말 한 마디에 옥련의 근심하던 마음이 풀어져서 웃으며,

＊숫접다 순박하고 진실하다.

옥련　"저러한 의논을 들으면 내 속이 시원하오. 혼자 있을 때는 참……."

말을 멈추고 구씨를 쳐다보는데, 구씨가 옥련의 근심 있는 기색을 언뜻 짐작하였으나 구씨는 본래 활발한 사람이라. 시계를 내어 보더니 선뜻 일어나며 작별 인사 하고 저벅저벅 내려가는데, 옥련이는 의구히 의자에 걸터앉아서 먼산을 보며 잊었던 근심을 다시 한다.

한숨을 쉬고 혼자 신세 타령을 하며 옛일도 생각하고 앞일도 걱정하는데 뜻을 정치 못한다.

"어 —— 세월도 쉽구나. 일본서 미국으로 건너오던 날이 어제 같구나. 내가 일본 오사카에 있을 때에 심상 소학교 졸업하던 날은 하룻밤에 두 번을 죽으려고 하였더니 오늘 또 어떠한 팔자 사나운 일이나 없을는지. 내가 죽기가 싫어서 죽지 아니한 것도 아니요, 공부하고자 하여 이 곳에 온 것도 아니라. 오사카항에서 죽기로 결심하고 물에 떨어지려 할 때에 한 되는 마음으로 꿈이 되어 그랬던지, 우리 어머니가 나더러 죽지 말라 하시던 소리가 아무리 꿈일지라도 역력하기가 생시 같은 고로 슬픈 마음을 진정하고 이 목숨이 다시 살아나서 넓은 천지에 붙일 곳이 없는지라. 지향 없이 도쿄 가는 기차를 타고 가다가 천우 신조하여 고국 사람을 만나서 일동 일정을 남에게 신세를 지고 오늘까지 있었으니 허구한 세월을 남의 덕만 바랄 수는 없고, 만일 그 신세를 아니 지을 지경이면 하루 한시라도 여비를 어찌 써서 있을 수도 없으니 어찌하여야 좋을는지……. 우리 부모는 세상에 살아 있는지, 부모의 사생도 모르니 헐헐한 이 한 몸이 살아 있은들 무엇 하리요. 차라리 오사카에서 죽었더면 이 근심을 몰랐을 것인데 어찌하여 살았던가? 사람의 일평생이 이렇듯 근심만 할진대 죽어 모르는 것이 제일이라. 그러나 지금 여기서는 죽으려도 죽을 수도 없구나. 내가 죽으면 구씨는 나를 대단히 그르게 여길 터이라. 구씨의 태산 같은 은혜를 입고 그 은혜를 갚지 못하고 죽으면 남의 은혜를 저버리는 것이라. 어찌하면 좋을꼬?"

그렇듯 탄식하고 그 밤을 의자에 앉은 채로 새우다가 정신이 혼혼하여 잠이 들며 꿈을 꾸었더라.

꿈에는 팔월 추석인데, 평양 성중에서 일 년 제일가는 명절이라고 와글와글하는 중이라.

아이들은 추석빔으로 새 옷을 입고 떡조각 실과개를 배가 툭 터지도록 먹고 어깨로 숨을 쉬는 것들이 가로도 뛰고 세로도 뛴다.

어른들은 이 세상이 웬 세상이냐 하도록 술 먹고 주정을 하면서 한길을 쓸어 지나가고, 거문고 줄 양금채는 꾀꼬리 소리 같은 여청 시조를 어울려서 이 골목 저 골목, 이 사랑 저 사랑에서 어디든지 그 소리 없는 곳이 없다.

성중이 그렇게 흥치로 지내는데, 옥련이는 꿈에도 흥치가 없고 비창한 마음으로 부모 산소에 다니러 간다.

북문 밖에 나가서 모란봉에 올라가니 고려장*같이 큰 쌍분이 있는데, 옥련이가 묘 앞으로 가서 앉으며 허리춤에서 능금 두 개를 집어 내며 하는 말이,

"여보 어머니, 이렇게 큰 능금 구경하셨소? 내가 미국서 나올 때에 사 가지고 왔소. 한 개는 아버지 드리고 한 개는 어머니 잡수시오."
하면서 묘 앞에 하나씩 놓으니, 홀연히 쌍분은 간 곳 없고 송장 둘이 일어 앉아서 그 능금을 먹는데, 본래 살은 다 썩고 뼈만 앙상한 송장이라. 능금을 먹다가 위아랫니가 모짝* 빠져서 앞에 떨어지는데, 박씨 말려 늘어놓은 것 같은지라. 옥련이가 무서운 생각이 더럭 나서 소리를 지르

＊ 고려장 늙고 병든 사람을 산 채로 구덩이에 두었다가 죽으면 그 곳에 묻었다는 고구려 때의 풍속. 여기서는 고분을 가리킴.
＊ 모짝 몽땅.

다가 가위를 눌렸더라.

그 때 날이 새어서 다 밝은 후이라. 이웃 방에 있는 여학생이 일어나서 뒷간으로 내려가는 길에 옥련의 방 앞으로 지나다가 옥련의 가위 눌리는 소리를 들었으나 남의 방으로 함부로 들어갈 수는 없고, 망단한* 마음에 급히 전기 초인종을 누르니 보이가 오는지라.

여학생이 보이를 보고 옥련의 방을 가리키며, 이 방문서 괴상한 소리가 난다 하니 보이는 옥련의 방문을 여는데 문 소리에 옥련이가 잠을 깨어 본즉 남가일몽이라. 무서운 꿈을 깰 때는 시원한 생각이 있더니, 다시 생각하니 비창한 마음을 이기지 못하여 탄식하는 소리가 무심중에 나온다.

"꿈이란 것은 무엇인고. 꿈을 믿어야 옳은가? 믿을 지경이면 어젯밤 꿈은 우리 부모가 다 이 세상에는 아니 계신 꿈이로구나. 꿈을 아니 믿어야 옳은가? 아니 믿을진댄 오사카서 꿈을 꾸고 부모가 생존하신 줄로 알고 있던 일이 허사로구나. 꿈이 맞아도 내게는 불행한 일이요, 꿈이 맞히지 아니하여도 내게는 불행한 일이라. 그러나 다시 생각하여 보니 꿈은 정녕 허사라. 우리 아버지는 난리 중에 돌아가셨으니, 가령 친척이 있더라도 송장 찾을 수가 없는 터이라. 더구나 사고무친한 우리 집에 목숨이 붙어 살아 있는 것은 그 때 일곱 살 먹은 불효의 딸 옥련이뿐이라. 우리 아버지 송장 찾을 사람이 누가 있으리오. 모란봉 저녁 볕에 훌훌 날아드는 까마귀가 긴 창자를 물어다가 고목 나무 높은 가지에 척척 걸어 놓은 것은 전쟁에 죽은 송장의 창자라. 세상에 어떠한 고마운 사람이 있어서 우리 아버지 송장을 찾아다가 고려장같이 기구 있게 장사를 지낼 수가 있으리요. 우리 어머니는 대동강 물에 빠져 죽으려고 벽상에 영결서를 써서 붙인 것을 평

---

* 망단(望斷)하다 이러지도 저러지도 못하여 처지가 딱하다.

양 야전 병원의 통변이 낙루를 하며 그 글을 읽어서 내 귀에 들려 주던 일이 어제같이 생각이 나면서, 오사카항에서 꿈을 꾸고 우리 어머니가 혹 살아서 이 세상에 있을까 하는 생각이 다 쓸데없는 생각이라. 우리 어머니는 정녕히 물에 빠져 돌아가신 것이라. 대동강 흐르는 물에 고기밥이 되었을 것이니, 어찌 모란봉에 그처럼 기구 있게 장사를 지냈으리오.”

옥련이가 부모 생각은 아주 단념하기로 작정하고 제 신세는 운수 되어 가는 대로 두고 보리라 하고 정신을 가다듬어서 공부하던 책을 내어놓고 마음을 붙이니, 이삼 일 지낸 후에는 다시 서책에 착미*가 되었더라.

하루는 보이가 신문지 한 장을 가지고 옥련의 방으로 오더니 그 신문을 옥련의 앞에 펼쳐 놓고 보이의 손가락이 신문지 광고를 가리킨다. 옥련이가 그 광고를 보다가 깜짝 놀라서 눈물이 펑펑 쏟아지면서 얼굴은 발개지고 웃음 반 눈물 반이라.

옥련이가 좋은 마음에 광고를 끝까지 다 보지 못하고 우두커니 앉았다가 또 광고를 본다.

옥련의 마음에 다시 의심이 난다. 일전 꿈에 모란봉에 가서 우리 부모 산소에 갔던 일이 그것이 꿈인가? 오늘 신문지의 광고 보는 것이 꿈인가? 한 번은 영어로 보고 한 번은 조선말로 보다가 필경은 한문과 조선 언문을 섞어 번역하여 놓고 보더라.

광고

지나간 열사흗날 황색 신문 잡보에 한국 여학생 김옥련이가 아무 학교 졸업 우등생이라는 기사가 있기로 그 유하는 호텔을 알고자 하여 이에 광고하오니, 누구시든지 옥련의 유하는 호텔을 이 고백인에

---

* 착미(着味) 재미를 붙임.

게 알려 주시면 상당한 금으로 십 류를 앙정할 사.

한국 평안도 평양인 김관일 고백

헌수

의심 없는 옥련의 부친이 한 광고라.

옥련 "여보 보이, 이 신문을 가지고 날 따라가면 우리 부친이 십 류의 상금을 줄 것이니 지금으로 갑시다."

보이 "내가 상금 탈 공은 없으니 상금은 원치 아니하나 귀양을 배행하여 가서 부녀 서로 만나 기뻐하시는 모양 보았으면 나도 이 호텔에서 몇 해간 귀양을 모시고 있던 정분에 귀양을 따라 기뻐하고자 합니다."

옥련이가 그 말을 듣고 더욱 기뻐하여 보이를 데리고 그 부친 있는 처소를 찾아가니 십 년 풍상에 서로 환형이 된지라, 서로 보고 서로 알아보지 못할 지경이라. 옥련이가 신문 광고와 명함 한 장을 가지고 그 부친 앞으로 가서 남에게 처음 인사하듯 대단히 서어한* 인사를 하다가 서로 분명한 말을 듣더니, 옥련이가 일곱 살에 응석하던 마음이 새로이 나서 부친의 무릎 위에 얼굴을 폭 숙이고 소리 없이 우는데, 김관일의 눈물은 옥련의 머리 뒤에 떨어지고, 옥련의 눈물에 그 부친의 무릎이 젖는다.

부친 "이애 옥련아, 그만 일어나서 너의 어머니 편지나 보아라."

옥련 "응, 어머니 편지라니, 어머니가 살았소?"

무슨 변이나 난 듯이 깜짝 놀라는 모양으로 고개를 번쩍 드는데, 그 부친은 제 눈물 씻을 생각은 아니 하고 수건을 가지고 옥련의 눈물을 씻기니, 옥련이가 그리 어려졌던지 부친이 눈물 씻어 주는데 고개를 디밀고 있더라.

---

* 서어하다 서먹서먹하다.

김관일이 가방을 열더니 휴지 뭉치를 내어놓고 뒤적뒤적하다가 편지한 장을 집어 주며 하는 말이,

"이애, 이 편지를 자세히 보아라. 이 편지가 제일 먼저 온 편지다."

옥련이가 그 편지를 받아 보니, 옥련이가 그 모친의 글씨를 모르는지라. 가령 옥련이가 정신이 좋으면 그 모친의 얼굴은 생각할는지 모르거니와, 옥련이 일곱 살에 언문도 모를 때에 모친을 떠났는지라. 지금 그 편지를 보며 하는 말이,

"나는 우리 어머니 글씨도 모르지. 어머니 글씨가 이렇던가?"

하면서 부친의 앞에 펼쳐 놓고 본다.

상장*

떠나신 지 삼 삭이 못 되었으나 평양에 계시던 일은 전생 일 같삽. 만리 타국에서 수토 불복이나 되시지 아니하고 기운 평안하시온지 궁금하옵기 측량 없삽나이다.

이 곳의 지낸 풍상은 말씀하기 신신치 아니하오나 대강 소식이나 알으시도록 말씀하옵나이다. 옥련이는 어디 가서 죽었는지 다시 소식이 묘연하고, 이 곳은 죽기로 결심하여 대동강 물에 빠졌더니 뱃사공과 고장팔에게 건진 바 되어 살았다가 부산서 친정 아버님이 이 곳 평양에 오셔서 사랑에서 미국 가셨다는 말씀을 전하여 주시니, 그 후로부터 마음을 붙여 살아 있삽. 세월이 어서 가서 고국에 돌아오시기만 기다리옵나이다. 그러나 사랑에서는 몇십 년을 아니 오시더라도 이 세상에 계신 줄을 알고 있사오니 위로가 되오나, 옥련이는 만나 보려 하면 황천에 가기 전에는 못 볼 터이오니 그 것이 한되는 일이삽. 말씀 무궁하오나 이만 그치옵나이다.

---

*상장(上狀) 어른에게 올리는 글.

옥련이가 그 편지를 보고 뼈가 녹는 듯하고 몸이 스러지는 듯하여 가만히 앉았다가,

옥련 "아버지, 나는 내일이라도 우리 집으로 보내 주시오. 날개가 돋쳤으면 지금이라도 날아가서 우리 어머니 얼굴을 보고 우리 어머니 한을 풀어 드리고 싶소."

부친 "네가 고국에 가기가 그리 바쁠 것이 아니라 우선 네가 고생하던 이야기나 어서 좀 하여라. 네가 어떻게 살았으며 어찌 여기를 왔느냐?"

옥련이가 얼굴빛을 천연히 하고 고쳐 앉더니 모란봉에서 총 맞고 야전 병원으로 갔던 일과, 이노우에 군의의 집에 갔던 일과, 오사카서 학교에서 졸업하던 일과, 불행한 사기로 오사카를 떠나던 일과, 도쿄 가는 기차를 타고 구완서를 만나서 절처 봉생*하던 일을 낱낱이 말하고 그 말을 마치더니, 다시 얼굴빛이 변하며 눈물이 도니, 그 눈물은 부모의 정에 관계한 눈물도 아니요, 제 신세 생각하는 눈물도 아니요, 구완서의 은혜를 생각하는 눈물이라.

옥련 "아버지, 아버지께서 나 같은 불효의 딸을 만나 보시고 기쁘신 마음이 있거든 구씨를 찾아보시고 치사의 말씀을 하여 주시면 좋겠습니다."

김관일이 그 말을 듣더니, 그 길로 옥련이를 데리고 구씨의 유하는 처소로 찾아가니, 구씨는 김관일을 만나 보매 옥련의 부친을 본 것 같지 아니하고 제 부친이나 만난 듯이 반가운 마음이 있으니, 그 마음은 옥련의 기뻐하는 마음이 내 마음 기쁜 것이나 다름없는 데서 나오는 마음이요, 김씨는 구씨를 보고 내 딸 옥련을 만나 본 것이나 다름없이 반가우니, 그 두 사람의 마음이 그러할 일이라. 김씨가 구씨를 대하여 하

---

* 절처 봉생(絶處逢生) 꼼짝없이 죽게 된 판에 살 길이 생김.

는 말이 간단한 두 마디뿐이라.

한 마디는 옥련이가 신세지은 치사요, 한 마디는 구씨가 고국에 돌아간 뒤에 옥련으로 하여금 구씨의 기치를 받들고 백년 가약 맺기를 원하는지라. 구씨는 본래 활발하고 거칠 것 없이 수작하는 사람이라 옥련이를 물끄러미 보더니,

구완서 "이애 옥련아, 어 —— 실체*하였구. 남의 집 처녀더러 또 해라 하였구나. 우리가 입으로 조선말은 하더라도 마음에는 서양 문명한 풍속이 젖었으니, 우리는 혼인을 하여도 서양 사람과 같이 부모의 명령을 좇을 것이 아니라, 우리가 서로 부부 될 마음이 있으면 서로 직접하여 말하는 것이 옳은 일이다. 그러나 우선 말부터 영어로 수작하자. 조선말로 하면 입에 익은 말로 외짝 해라 하기 불안하다."

하면서 구씨가 영어로 말을 하는데, 구씨의 학문은 옥련이보다 대단히 높으나 영어는 옥련이가 구씨의 선생 노릇이라도 할 만한 터이라. 그러나 구씨는 서투른 영어로 수작을 하는데, 옥련이는 조선말로 단정히 대답하더라.

김관일은 딸의 혼인 언론을 하다가 구씨가 서양 풍속으로 직접 언론하자 하는 서슬에 옥련의 혼인 언약에 좌지우지할 권리가 없이 가만히 앉았더라.

옥련이는 아무리 조선 계집아이이나 학문도 있고, 개명한 생각도 있고, 동서양으로 다니면서 문견이 높은지라. 서슴지 아니하고 혼인 언론 대답을 하는데, 구씨의 소청이 있으니, 그 소청인즉 옥련이가 구씨와 같이 몇 해든지 공부를 더 힘써 하여 학문이 유여한 후에 고국에 돌아가서 결혼하고, 옥련이는 조선 부인 교육을 맡아 하기를 청하는 유지한 말이라.

---

* 실체(失體) 체면이 없음.

옥련이가 구씨의 권하는 말을 듣고 조선 부인 교육할 마음이 간절하여 구씨와 혼인 언약을 맺으니, 구씨의 목적은 공부를 힘써 하여 귀국한 뒤에 우리 나라를 독일국같이 연방도를 삼되, 일본과 만주를 한데 합하여 문명한 강국을 만들고자 하는 비스마르크 같은 마음이요, 옥련이는 공부를 힘써 하여 귀국한 뒤에 우리 나라 부인의 지식을 넓혀서 남자에게 압제받지 말고 남자와 동등 권리를 찾게 하며, 또 부인도 나라에 유익한 백성이 되고 사회상에 명예 있는 사람이 되도록 교육할 마음이라.

세상에 제 목적을 제가 자기하는 것같이 즐거운 일은 다시 없는지라. 구완서와 옥련이가 나이 어려서 외국에 간 사람들이라. 조선 사람이 이렇게 야만되고 이렇게 용렬한 줄을 모르고, 구씨든지 옥련이든지 조선에 돌아오는 날은 조선도 유지한 사람이 많이 있어서, 학문 있고 지식 있는 사람의 말을 듣고 이를 찬성하여 구씨도 목적대로 되고 옥련이도 제대로 조선 부인이 일제히 내 교육을 받아서 낱낱이 나와 같은 학문 있는 사람들이 많이 생기려니 생각하고, 일변으로 기쁜 마음을 이기지 못하는 것은 제 나라 형편 모르고 외국에 유학한 소년 학생 의기에서 나오는 마음이라.

구씨와 옥련이가 그 목적대로 되든지 못 되든지 그것은 후의 일이거니와, 그 날은 두 사람의 마음에는 혼인 언약의 좋은 마음은 오히려 둘째가 되니, 옥련이 낙지 이후에는 이러한 즐거운 마음이 처음이라.

김관일은 옥련이를 만나 보고 구완서를 사윗감으로 정하고, 구씨와 옥련의 목적이 그렇듯 기이한 말을 들으니, 김씨의 좋은 마음도 측량할 수 없는지라.

미국 워싱턴의 어떠한 호텔에서는 옥련의 부녀와 구씨가 솥발같이 늘어 앉아서 그렇듯 희희낙락한데, 세상이 고르지 못하여 조선 평양성 북문 안에 게딱지같이 낮은 집에서 삼십 전부터 남편 없고 자녀간에 혈육 없고 재물 없이 지내는 부인이 있으되, 십 년 풍상에 남보다 많은 것 한 가지가 있으니, 그 많은 것은 근심이라.

그 부인이 남편이 죽고 없느냐 할 지경이면 죽지도 아니한 터이라. 죽고 없는 터이면 단념하고 생각이나 아니 하련마는, 육만 리를 이별하여 망부석이 될 듯한 정경이요, 자녀간에 혈육이 없는 것은 생산을 못 하였느냐 물을진대 딸 하나를 두고 아들 겸 딸 겸하여 금옥같이 귀애하다가 일곱 살 되던 해에 잃었더라.

눈앞에 참척*을 보았느냐 물을진대 그 부인은 말없이 눈물만 흘리더라. 눈앞에 보이는 데서나 죽었으면 한이나 없으련마는, 어디서 죽었는지 알지도 못하니 그것이 한이더라.

마침 까마귀 한 마리가 지붕 위에 내려앉더니 까막까막 깍깍 짖는 소리가 흉측하게 들리거늘, 부인이 감았던 눈을 떠서 장팔 어미를 보며 하는 말이,

"여보게, 저 까마귀 소리 좀 들어 보게. 또 무슨 흉한 일이 생기려나 베. 까마귀는 영물이라는데 무슨 일이 또 있을는지 모르겠네. 팔자 기박한 여편네가 오래 살았다가 험한 일을 더 보지 말고 오늘이라도 죽었으면 좋겠네. 요사이는 미국서 편지도 아니 오니 웬일인고?"

기운 없는 목소리로 설움 없이 탄식하는 모양은 아무가 보든지 좋은 마음은 아니 날 터인데 늙고 청승스러운 장팔 어미가 부인의 그 모양을 보고 부인이 죽으면 따라 죽을 듯한 마음도 있고 까마귀를 쳐죽이고 싶은 마음도 생겨서 마당으로 펄펄 뛰어내려가서 지붕 위를 쳐다보면서 까마귀에게 헛팔매질을 하며 욕을 한다.

"수여 —— 이 경칠 놈의 까마귀, 포수들은 다 어디로 갔노. 소금 장사 —— 네 어미."

＊ 참척(慘慽) 자손이 부모, 조부모보다 앞서 죽음.

조선 풍속에 까마귀 보고 하는 욕은 장팔 어미가 모르는 것 없이 주워섬기며 소리를 버럭버럭 지르니, 그 까마귀가 펄쩍 날아 공중에 높이 뜨더니 깍깍 지르며 모란봉으로 향하거늘, 부인의 눈은 까마귀를 따라서 모란봉으로 가고, 노파의 욕하는 소리는 까마귀 소리를 따라간다.

'우' 자 쓴 벙거지 쓰고 감장 홀태바지 저고리 입고 가죽 주머니 메고 문 밖에 와서 안중문을 기웃기웃하며 편지 받아 들여가요, 편지 받아 들여가요, 두세 번 소리하는 것은 우편 군사라. 장팔의 어미가 까마귀에게 열이 잔뜩 났던 차에 어떠한 사람인지 자세히 듣지도 아니하고 질부등거리 깨어지는 소리 같은 목소리로 우편 군사에게 까닭 없는 화풀이를 한다.

"웬 사람이 남의 집 안마당을 함부로 들여다보아. 이 댁에는 사랑 양반도 아니 계신 댁인데 웬 젊은 년석이 양반의 댁 안마당을 들여다보아!"

우편 군사 "여보, 누구더러 이 년석 저 년석 하오. 체전부는 그리 만만한 줄로 아오. 어디 말 좀 하여 봅시다. 이리 좀 나오시오. 나는 편지 전하러 온 것 외에는 아무것도 잘못한 것 없소."

부인 "여보게 할멈, 자네가 누구와 그렇게 싸우나. 우체 사령이 편지를 가지고 왔다 하니 미국서 서방님이 편지를 부치셨나베. 어서 받아 들여오게."

노파 "옳지, 우체 사령이로구. 늙은 사람이 눈 어두워서……. 어서 편지 이리 주오. 아씨께 갖다 드리게."

우체 사령이 처음에 노파가 소리를 지를 때에는 늙은 사람 망령으로 알고 말을 예사로 하더니 노파가 잘못한 줄을 깨닫고 말하는 눈치를 보더니 그 때는 우체 사령이 목을 쓰고 대어 든다.

우편 군사 "이런 제어미……. 내가 체전부 다니다가 이런 꼴은 처음 보았네. 남더러 무슨 턱으로 욕을 하오. 내가 아무리 바빠도 말 좀 물어 보고 갈 터이오."

하면서 소리를 버럭버럭 지르고 대어 들며, 편지 달라 하는 말은 대답도 아니 하니, 평양 사람의 싸움하러 대드는 서슬은 금방 죽어도 몸을 아끼지 아니하는 성정이라.

노파가 까마귀에게 화풀이할 때 같으면 우체 사령에게 몸부림을 하고 죽어도 그 화가 풀어지지 아니할 터이나, 미국서 편지 왔다 하는 소리에 그 화가 다 풀어졌더라.

그 화만 풀어질 뿐이 아니라, 우체 사령의 떼거리까지 받고 있는데, 부인은 어서 바삐 편지 볼 마음이 있어서 내외하기도 잊었던지 중문간에로 뛰어나가서 노파를 꾸짖고 우체 사령을 달래고, 옥련의 묘에 가지고 가려 하던 술과 실과를 내어다 먹인다.

우체 사령이 금방 살인할 듯하던 위인이 노파더러 할머니 할머니 하며 풀어지는데, 그 집에서 부리던 하인과 같이 친숙하더라.

노파가 편지를 받아서 부인에게 드리니, 부인이 그 편지를 들고 겉봉 쓴 것을 보더니 깜짝 놀라서 의심을 한다.

노파 "아씨, 무엇을 그리 하십니까?"

부인 "응, 가만히 있게."

노파 "서방님께서 부치신 편지오니까?"

부인 "아닐세."

노파 "그러면 부산서 주사 나리께서 하신 편지오니까?"

부인 "아니."

노파 "에그, 어서 말씀 좀 시원히 하여 주십시오."

부인 "글씨는 처음 보는 글씨일세."

본래 옥련이가 일곱 살에 부모를 떠났는데, 그 때는 언문 한 자 모를 때라.

그 후에 일본 가서 심상 소학교 졸업까지 하였으나 조선 언문은 구경

도 못 하였더니, 그 후에 구완서와 같이 미국 갈 때에 태평양을 건너가는 동안에 구완서가 가르친 언문이라 옥련의 모친이 어찌 옥련의 글씨를 알아보리오.

부인이 편지를 받아 보니 겉면에는,

'한국 평안 남도 평양부 북문내 김관일 실내 친전'

한편에는,

'미국 워싱턴 ○○○ 호텔
　　　　옥련 상사리*'

진서* 글자는 부인이 한 자도 알아보지 못하고 다만 '옥련 상사리'라 한 글자만 알아보았으나, 글씨도 모르는 글씨요, 옥련이라 한 것은 볼수록 의심만 난다.

부인 "여보게 할멈, 이 편지 가지고 왔던 우체 사령이 벌써 갔나. 이 편지가 정녕 우리 집에 오는 것인지 자세히 물어 보더면 좋을 뻔하였네."

노파 "왜 거기 쓰이지 아니하였습니까?"

부인 "한 편은 진서요 한 편에는 진서도 있고 언문도 있는데, 진서는 무엇인지 모르겠고, 언문에는 옥련 상사리라 썼으니, 이상한 일도 있네. 세상에 옥련이라 하는 이름이 또 있는지, 옥련이라 하는 이름이 또 있더라도 내게 편지할 만한 사람도 없는데……."

＊상사리　윗사람에게 드리는 편지의 첫머리나 끝에 사뢰어 올린다는 뜻으로 쓰는 말.
＊진서(眞書)　한자.

노파 "그러면 작은아씨의 편지인가 보이다."

부인 "에그, 꿈 같은 소리도 하네. 죽은 옥련이가 내게 편지를 어찌하여……."

하면서도 또 한숨을 쉬더니 얼굴에 처량한 빛이 다시 난다.

노파 "아씨 아씨, 두 말씀 말고 그 편지를 뜯어 보십시오."

부인이 홧김에 편지를 박박 뜯어 보니 옥련의 편지라. 모란봉에서 지낸 일부터 미국 워싱턴 호텔에서 옥련의 부녀가 상봉하여 그 모친의 편지 보던 모양까지 그린 듯이 자세히 한 편지라.

그 편지 부쳤던 날은 광무* 육년 (음력) 칠월 십일일인데, 부인이 그 편지 받아 보던 날은 임인년 음력 팔월 십오일이러라.

---

* 광무(光武) 조선 고종 때의 연호로 광무 6년은 서기 1902년임.

모란봉

열요하기로* 유명한 샌프란시스코의 야소교*당 쇠북소리는 세간 진루가 조금도 없어 맑고 한가하고 고요하고 그윽한데, 여음이 바람을 따라 흩어져 나가다가 수천 미돌* 밖의 나지막한 산을 은은히 울리며 스러지고 산 아래 공원 속에 가목 무림 푸른빛만 보인다.

천기 청명한 일요일에 공원에 산보하러 모여드는 신사와 부인은 한가한 겨를을 타서 한가히 놀러온 사람들이라. 그 사람 모인 공원은 다시 열요장 되어 복잡한 사회 현상이 또한 이 가운데에 보이는데, 유심한 사진가가 전 사람의 자취 비밀히 감추인 것을 후인에게 전하려고 사진 기계를 가지고 다니면서 이리저리 둘러보다가, 취미 있는 진상을 가려서 박고 박는데, 열요한 사람들은 간단없이 활동이라.

드뭇드뭇한* 나무 틈에 허연 돌난간이 보이는데 그 돌난간 아래 돌

---

* 열요(熱拗)하다 많은 사람이 모여 떠들썩하다.
* 야소교 예수교.
* 미돌 미터.
* 드뭇드뭇한 드문드문한.

연못이 있고, 돌 연못 가운데 사자형 섬이 있고, 사자 등 위에 금부어 거꾸로 서서 수정가루 같은 물을 뿜어 올려서 서늘한 기운을 드리웠는데, 공원의 구경꾼은 못가에 몰려서서 돌난간에 의지하고 노는 고기를 내려다본다.

인간의 회포 많은 옥련이가 또한 그 못 가운데 고기 노는 것을 내려다보다가 제 그림자를 보고 홀연히 감동되는 일이 있었더라.

'모란봉 밑에서 총을 맞고 누웠던 옥련이가 여기 와서 있는가? 간호수 들것 위에 담겨서 야전 병원에 들어가던 옥련이가 여기 와서 있는가? 이노우에 군의 아버지 손에 재생인되던 옥련이가 여기 와서 있는가? 구완서의 은혜를 입어 워싱턴에 유학하던 옥련이가 여기 와서 있는가? 반갑다. 옥련의 그림자를 옥련이가 보아도 참 반갑다. 나는 물 위에 선 옥련이요, 너는 물 아래 거꾸로 선 옥련이라. 내가 너더러 물어 볼 일이 있다. 네가 형체가 있는 물건이냐, 형체가 있을진대 네 손 잡고 반겨 보자. 네가 형체 없는 물건이냐, 형체가 없을진대 내 눈에 보이는 네가 무엇이냐? 이 몸이 이 물가를 떠날진대 네 형체가 소멸하고, 이 몸이 세상을 버릴진대 한 많고 사려증 많던 내 마음도 또한 소멸할 것이니, 영혼 불멸이라 하였으나 알 수 없는 것은 사람의 일이로다.'

옥련이가 그러한 생각을 하는 중에,

"옥련아 옥련아."

부르는 소리를 듣고 돌아보니, 옥련의 옆에 섰던 그 부친과 구완서가 그 아래 정자나무 휴게소로 향하여 가며 부르는지라, 옥련이가 또한 휴게소로 향하여 가려고 돌아서다가, 그 그림자를 떠나기가 섭섭한 마음이 있는 것같이 다시 돌쳐서서 고개를 숙여 내려다보는데, 물고기 한 마리가 물 위에 뜬 마른 나뭇잎을 물려 하다가 사람을 보고 놀란 것같이 꼬리를 탁 치고 거꾸로 서서 내려가는데, 거울 같은 수면이 진탕하

여 옥련의 그림자가 천태 만상으로 변하는지라. 옥련이가 애석한 마음이 있는 것같이 주저주저하다가 돌쳐서서 휴게소로 내려가는데, 물 아래에 활동 사진같이 황홀하던 옥련이의 그림자가 간 곳 없고 상오 열두시 태양 광선 아래 이목구비가 있는지 없는지 모르게 된 난쟁이 같은 그림자가 옥련의 뒤를 따라간다.

그 때는 갑진년 가을이라, 김관일이가 그 딸 옥련이를 데리고 조선에 돌아가는 길인데, 구완서는 서중 휴학* 겨울을 타서 샌프란시스코까지 전별하러 온 터이라.

처음에 김관일의 마음에 옥련이를 몇 해 동안만 공부를 더 시켜서 조선 부인 사회 중에 우등 될 만한 학문이 성취된 후에 데리고 가려 하였더니, 일러전쟁이 일어나서, 평양 성중에서 일본 기병과 러시아 기병의 접전이 있었다는 신문을 본 후에 옥련이가 십 년 전 일청전쟁 날 때에 허다한 풍상을 지내던 생각이 나서 그 모친을 생각하는 마음이 더욱 간절하여 공부에 마음이 없고 낙심한 사람같이 조석으로 먼산만 바라보고 앉았다가, 그 부친을 보면 고향에 돌아가기를 재촉하거늘, 김관일이가 그 모양을 보고 또한 고향에 돌아갈 마음이 생겼으나, 그러나 그 때 옥련이가 사범 학교 일년생이라, 추기 시험이나 치르고 가는 것이 좋은 줄로 꾀이고 달래다가 추기 시험을 치른 후에 떠나가는 터이다.

구완서는 김관일의 강권하는 말을 저버리지 못하여 옥련이와 부부되기로 세 사람이 솥발같이 늘어 앉아서 반석 같이 굳은 언약을 맺었는데, 김관일의 말은 옥련이가 떠나기 전에 성례하는 것이 가하다 하나, 구완서의 말은 자기사 십 년만 공부를 더하고 조선에 돌아간 후에 결혼하겠다 하는 고로, 필경 구씨의 말을 좇아서 십 년간에 서로 대년하기로 언약이라.

---

* 서중 휴학(暑中休學) 여름 방학.

대체 십 년이 되면 옥련의 나이 이십칠 세요, 구완서의 나이 삼십이 세라. 구씨와 옥련의 지기가 비록 비범하나 그러나 청춘 연기의 연한 창차로 이 이별은 어려운 이별이라.

워싱턴에서 작별하기가 피차 섭섭한 마음이 있으므로 구씨가 샌프란시스코까지 왔는데, 샌프란시스코에서 하루 지체하여 공원을 구경하나, 구경에 흥치*는 별로 없고 산빗물 소리가 구씨와 옥련의 이별하는 회포에 들어올 뿐이라.

구씨는 본래 진중한 사람이라, 한 번 정한 마음을 변치 아니하며, 한 번 한 말을 어기지 아니하는 성질이 있으나, 김관일의 생각에는, 구완서가 아직 젊은 아이라 일시 언약을 믿고 몇만 리를 떠나 있으면 혹 마음이 변치나 아니할까 염려가 되는데, 더구나 십 년 동안에 세상일이 어떻게 변하는지 측량치 못할 일이라, 새로이 궁금증이 나서 다시 구완서의 말을 들어 보고자 하여 휴게소로 데리고 가는 터이라.

천지 만엽이 휘어진 정자나무 아래 긴 걸상을 여기저기 늘어놓은 공동 휴게소에 오고가는 구경꾼이 드뭇드뭇 걸터앉았는데, 김관일의 일행은 그 중에 조용한 곳을 찾아다니다가 빈 걸상들이 마주 놓인 것을 보고 김씨는 구씨와 마주 걸터앉고, 옥련이는 김씨 옆에 가 앉았더라.

김씨가 옆으로 고개를 돌이켜서, 옥련의 얼굴을 물끄러미 보다가 다시 구씨를 건너다보며,

"은혜를 끼친 사람은 너요, 은혜를 받은 사람은 내 딸이라. 내 집 사람들은 네 은혜를 저버리기가 만무하거니와 너는."

하면서 말끝을 마치지 아니하고 빙그레 웃으니, 구씨가 김씨의 말하려는 뜻을 알아들었는지 또 한 번 빙긋 웃는다.

김관일 "이애. 구완서야, 사람이 제 자식의 심성을 남에게 물으면 어

---

*흥치 흥취.

리석은 일이나, 그러나 옥련의 일은 네가 나보다 자세히 알 터이라. 대체 어떠하더냐, 잘 가르치면 사람 노릇 하겠더냐?"

구완서 "지자는 막여부*라 하였으니, 옥련이 범절이야 어르신네께서 어련히 알으시겠습니까?"

김관일 "막지기자지덕*이라 한 말은 없느냐? 나는 옥련의 선악간에 모른다. 일곱 살에 부모 슬하에 떠난 자식의 마음을 어찌 알겠느냐? 네가 내 사위 되기로 허락한 것으로, 내가 내 자식을 믿는 마음이 생긴다. 그러나 너는 시하 사람이라, 네 마음으로 정한 혼인을 너의 부모가 혹 허락지 아니 하시면 그 때 네 생각은 어떠하겠느냐?"

구완서 "우리 부모가 나를 대단히 귀애하시는 터이라, 내가 만일 정당치 못한 일을 할 지경이면 부모가 금하시려니와, 정당한 일에는 내 말을 많이 좇으시는 터이니 혼인 파약 시키실 리는 만무하니 염려 말으시오."

김관일 "그러하겠지. 그러나 부모가 만일 파약을 하라 하실 지경이면 너는 어떻게 조처할 터이냐?"

구완서 "지금 옥련이가 조선에 돌아갈 터이니, 우리 부모도 옥련의 범절이 어떠한 소문도 들으실 터이요, 또 사람을 보내서 선을 볼 지경이면 더욱 자세히 알으실 터이니, 부족히 여기실 리가 없으니 파약할 지경에 갈 리가 만무하외다."

김관일 "만일 너의 부모께서 옥련이를 합의치 아니하게 여기실 지경이면, 네가 어찌할 터이냐?"

구완서 "부모가 잘못하시는 일은 간하다가, 아니 들으실 지경이면, 내 마음대로 하지요."

김관일 "네 마음대로 하면 어떻게……?"

＊지자는 막여부(知子莫如父) '자식을 아는 것은 그 아버지와 같은 사람이 없다.' 는 뜻.
＊막지기자지덕(莫知其子之德) '그 자식의 덕은 알지 못한다.' 는 뜻.

구완서 "자유 결혼 하지요."

김관일 "허허허. 네가 미국에 오더니 조선 습관을 버리고 자유 결혼을 말하는구나. 오냐, 네 마음이 그러할진대 내가 마음을 놓고 떠나겠다."

하면서 옥련이를 돌아보니, 옥련이는 고개를 수그리고, 손에 들었던 우산대로 땅에 글자를 쓰는데, 무심중에 떠날 이(離)자를 쓰다가 그 부친이 돌아다보는 것을 보고, 발로 그 글자를 싹싹 문질러 버리고 말없이 앉았더라.

홀연히 나비 한 마리가 힘없이 날아 들어오더니 옥련의 머리에 꽂힌 꽃송이에 내려앉으려다가 다시 펄쩍 날아 높이 뜨는데, 어디서 벗나비 한 마리가 쫓아오더니 싸움을 하는지, 희롱을 하는지 두 나비가 한 뭉치 되어 공중으로 올라가다가 내려가다가, 다시 오르락내리락하는데 난데없이 회오리바람이 땅을 휩쓸어 들어오더니, 휴게소에 늘어 앉은 사람 앞으로 세모새(가는 모래)를 끼얹는 듯이 먼지를 뒤집어씌우는데, 옥련이는 눈을 뜨지 못하고 애를 쓰다가 눈을 씻고 고개를 들어 보니 휴게소 걸상에 오백나한전 불상같이 늘어 앉았던 사람들이 낱낱이 일어서는데, 김관일이가 먼지를 툭툭 털고 앞서서 나가면서,

김관일 "구완서야, 너 술 먹을 줄 아느냐? 점심때 되었으니 요릿집에로 가자. 옥련아, 너는 조선 음식은 모르지? 사주일만 지내면 조선 음식을 먹어 보겠구나."

옥련이가 일어서서 몸의 먼지를 활활 털며,

옥련 "내가 어렸을 때 일이라도 조선 음식 먹던 생각이 많이 납니다."

김관일 "네가 일곱 살까지 너의 어머니 젖이나 먹었지. 음식은 무슨 음식, 허허허. 구완서야, 자네가 참 애썼겠다. 젖꼭지 떨어진 지 며칠이 못된 남의 자식을 데리고 미국까지 와서 저렇게 길러내고, 저만치 가르쳐 주었으니, 참 애썼겠다."

하면서 기쁜 마음에 눈물이 도는 것은 옥련이를 사랑하는 자정에서 솟아나는 눈물이라.

오후 다섯 시까지 공원에서 산보하다가, 유숙하던 호텔로 돌아가는데, 세 사람이 한 호텔로 들어가나, 세 사람의 침소는 각각이라. 그 날 밤에 옥련이가 서양 소설을 보다가 모르는 글자가 있어서 영어 자전을 들고 글자를 찾다가 싫증이 나서 책을 던지고 침대 위에 드러누우며 눈을 살짝 감는다. 잠이 와서 눈을 감는 것이 아니라, 생각을 하느라고 눈을 감았더라.

눈을 뜨고 있을 때는 방 속에 있는 물건만 보이더니, 눈을 감고 누웠으니 이 방에 있지 아니한 구완서의 모양이 눈에 어려 보이다가 다시 눈을 떠서 본즉 적적한 빈 방에 전기등만 밝았더라.

옥련이가 다시 눈을 감고 소리 없이 탄식이라.

'내가 어머니를 만나 보면 그 날 그 시에 죽더라도 한이 없을 것 같더니, 미국을 떠나며 생각하니, 구완서의 은혜를 갚지 못하고 죽으면 그 한도 풀리지 못할 일이로다. 전일의 은인이요, 미래의 부부이라. 인연에 인연을 잇고, 정의에 정의를 가하였도다. 위엄 있고도 온화하며, 다정하고도 말없는 것은 구완서가 내게 대한 태도이라. 동생같이 사랑하며, 내빈같이 공경하며, 자식같이 가르치면서 항상 나를 칭찬하는 말이 '옥련이는 그윽하고, 한가하고, 곧고, 고요한 계집이라, 조선 부인 사회에서 본받을 만한 사람이 되리라.' 하였는데, 내가 만일 조선에 돌아가서 그러한 위인이 못 될 지경이면 무슨 낮으로 구완서를 다시 보리오.'

한참 그러한 생각을 하는 중에, 문 밖에서 문을 똑똑 두드리는 소리가 나더니 구완서가 들어온다.

옥련이가 구완서에게 무슨 잘못한 일이나 있는 것같이 깜짝 놀라며 얼굴이 빨개지고 가슴이 두근두근하는데 옥련의 생각에도 무슨 까닭으

로 그러한지 모르는 터이라.

　옥련이가 침대에 내려서 구씨를 인도하여 테이블 앞 교의에 앉게 하
고, 옥련이는 그 맞은편 교의에 걸터앉으며 손으로 초인종을 꾹 눌러서
보이를 부르더니 커피차와 브랜디와 과자를 갖추어 놓는다.

구완서 "이애, 옥련아. 허허허, 또 실수하였구. 남의 집 처녀더러 이
애, 허허허, 오냐, 입에 익은 말로 아직 수수하게 그대로 지내자. 내
가 네게 한문 가르치던 선생이요, 언문 가르치던 선생이요, 조선말
복습시키던 선생이라. 네가 나더러 선생님 선생님 부르던 터이요, 나
는 너를 손아래 누이같이 알고 지냈더니, 재작년 칠월에 나는 너의
아버지 권고하시는 말을 듣고 너는 너의 아버지 명령을 들어서 우리

가 혼인 언약을 맺었는데, 그 후로부터 네가 나를 보면 부끄러운 마음으로 있는 모양이요, 체면 차리는 기색도 있어서 종적이 점점 서어하여졌으니, 도리어 어색한 일이라. 나는 그 마음 저 마음 없이 이전같이 허물없고 다정한 동무로 알고 있다. 이애 옥련아, 그렇지 아니하냐, 허허허."

구씨가 그렇게 쇄락한 기상으로 유쾌하게 말하는 모양이 옥련이를 처음 만나던 날부터 지금 떠나는 날까지 조금도 다른 것이 없는지라. 옥련이가 새로이 즐거운 마음에 깊은 정이 더욱 솟아나서 웃음빛을 띤 눈에 눈물이 가랑가랑 돈다.

구완서 "너와 한담하기는 오늘뿐이라. 너더러 할 말이 무궁무진하더니, 무슨 말을 하려 하였던지 생각이 아니 나는구나. 오냐, 별말하여 무엇할꼬. 작별이란 것은 별말하여 무엇할꼬. 작별이란 것은 잘 가거라, 잘 있거라 하면 두 사람의 말이 다한 것이라. 내일은, 네가 태평양 배를 탈 터이니 작별은 내일 태평양 해안에서 하자."

하면서 선뜻 일어나서 문을 열고 나아가니 방 안이 다시 적적하고, 벽상에 걸린 자명종 시침 돌아가는 소리만 때깍 때깍 나는데, 전기등 아래 혼자 초연히 앉은 옥련의 낙심한 경상이라.

길고 긴 가을 밤에 외기러기 한 소리 높았는데, 정 많고 한 많은 옥련이가 잠 못 이루어 혼자 탄식이라.

'밤아, 새지를 말아라. 밝은 날은 구완서와 이별이라. 육만 리를 떠나가서 십 년이나 될 터이라. 세월아, 차라리 어서 가거라. 삼천육백 일만 지나가면 구완서가 조선에 돌아간다더라. 내가 한 되는 일이 많으나, 제일 한 되는 일은 남자 되지 못한 것이라. 내가 만일 남자가 되었더라면, 구완서와 서로 체면도 아니 차릴 것이요, 남의 이목도 아니 가릴 것이라. 하루 열 번을 보고 싶으면 열 번을 상종하고, 주야 같이 있고 싶으면 거처를 같이할 터인데, 불행히 남녀가 유별하므로 지척이 천 리같이 떠나 있고, 모처럼 만나 보더라도 텁텁한 회포를 흉중에 쌓아 두고 말 못하니, 그 아니 애닯지 아니한가! 세상 사람의 부부간 깊은 정리는 어떠할 것인지? 나 같은 미가녀의 알 수 없는 일이나, 대체 부부간 정의는 남녀간 치정으로 생긴 정이거니와, 나는 구완서에게 의리로 생긴 정리요, 교분으로 생긴 정이요, 품행을 서로 알고, 인격을 서로 알고, 심지가 서로 같은 것으로 부지중에 정이 깊었으니, 유별난 남녀간의 높고 조촐한 정이라, 그렇게 정든 사람을 떼쳐 놓고 혼자 가는 내 마음이야…….'

평양은 하나이나 옥련이는 둘이라, 하나는 김옥련이요, 하나는 장옥련이다. 김옥련의 집은 평양 북문 안이요, 장옥련의 집은 평양 남문 밖이다.

김옥련이는 열일곱 살이요, 장옥련은 열여섯 살인데, 얼굴은 김옥련이 더 어여쁜지, 장옥련이가 어여쁜지, 만일 인물 조사하는 시험관이 있어서 비교를 붙일라치면 누구를 조사 내기가 썩 어려울 터이라, 공변된 눈으로 쌍장원을 냈으면 좋을 만한 미녀자들이다.

아침 안개 희미한데 힘없는 봄바람에 소리 없이 떨어지는 두견화 같은 것은 장옥련의 태도이요, 동각에 눈 쌓이고, 사창에 달 돋는데 반쯤 핀 매화 같은 것은 김옥련의 태도이라.

조물이 사람을 낼 때에 특별한 사정이 있는 인간에게 특별한 형용을 부여하는 일이 있던지 김옥련, 장옥련은 특별한 자색을 쓰고 난 여자이다.

금을 보면 금이 보배이요, 옥을 보면 옥이 보배라. 김옥련이를 보면 김옥련이가 일색이요, 장옥련이를 보면 장옥련이가 미인이라. 아름다운 외양은, 빛은 같으나 팔자는 같은 일이 조금도 없었더라.

김옥련이는 어렸을 때에 그 부모를 떠나서 고생을 많이 하였는데, 장옥련은 부모 슬하에서 금옥같이 사랑을 받고 자랐더라.

김옥련이는 다시 운수가 틔어서, 그 부친을 만나 귀애함을 받으면서, 또 그 어머니를 만나 보려고 태평양을 건너오는데, 장옥련은 액운이 들어서 그 부친에게 미움을 받는 중에, 또 그 어머니를 이별하였더라.

이별하였을지라도 그 어머니가 이 세상에나 있었으면 다시 만나 볼 날이 있을까 바랄 터이나, 넓고 넓은 지구상에 몸을 둘 곳이 없다는 유서 한 장을 써서, 그 딸 옥련의 베개 밑에 넣어 놓고 적적한 깊은 밤에 살짝 나간 후에 종적은 끊어지고 소식은 묘연한데, 대동강 물소리 그윽한 밤에 귀곡성이 추추할 뿐더러 장옥련의 부친은 장치중이라. 형세도 넉넉하고 행세가 얌전한 사람인데, 남이 칭찬을 하는 말에,

"장치중이는 경계 밝은 사람이라."

"인정 있는 사람이라."

"남의 사정 아는 사람이라."

"남에게 속지 아니할 사람이라."

그러한 칭찬을 도처에 듣는 장치중이가, 그 칭찬 듣지 못할 곳은 그 부인 안씨에게 뿐이라.

장씨가 본래 그 부인과 금실이 대단히 좋던 터이요, 무남 독녀 옥련이를 남다르게 귀애하던 터이라.

장옥련의 일곱 살 되었을 때에, 안씨 부인이 병이 들어서 죽느니 사느니 하며 집안에서 떠드는데, 수족같이 부리는 종도 있건마는, 장치중이는 수염에 재티가 부옇게 앉은 줄도 모르고 약을 손수 달여서 부인의 베개 옆에 놓고,

"마누라, 마누라."

부르는 소리에 부인이 감았던 눈을 치떠서 그 남편을 보다가 때가 주럭주럭 낀 손으로 옥련이를 가리키며,

"내가 죽으면 저것이 어떠한 계모 손에 고생을 할꼬! 내 앞에서 응석

만 하던 것이 계모 앞에서 눈살을 맞고 자라노라면 설움도 설움이려니와, 주접이 오죽 들꼬! 너의 아버지께서 지금은 너를 세상에 다시 없는 것같이 귀애하셨지마는, 후취 마누라에게 혹하시면 전실 자식이 눈에 보일는지?"

하면서 다시 눈을 감으니, 장옥련이가,

"어머니, 죽지 마오!"

소리를 지르며 병들어 누운 어머니 가슴에 엎드려 울거늘 장치중이가 옥련이를 안아다가 자기 무릎 위에 올려 앉히고 머리를 썩썩 쓰다듬으며,

"옥련아, 옥련아, 울지 마라, 울지 마라. 너의 어머니가 저 약을 먹으면 병이 나아서 일어난다."

하며 옥련이를 달래다가 다시 그 부인을 건너다보며,

"여보 마누라, 아무리 병중에 하는 말이라도 남의 마음을 모르고 하는 말은 재미 없는 말이라. 가령 내가 상처를 하고 후취 장가를 들기로, 후취 마누라에게 혹하여 옥련이를 몰라볼 지경에 갈 것 같소? 계집은 계집이요, 자식은 자식이지, 아무리 계집에 혹하기로 귀애하던 자식을 몰라보는 사람이 있단 말이오? 계모가 전실 자식을 미워하는 것은 세상에 혹 있을 듯한 일이나, 그 아비되는 사람이야 어미 없는 자식을 기르다가 후취 장가든 후에 그 자식이 계모의 손에 고생을 할 지경이면 불쌍히 여길 터이지 그 자식을 몰라보다니, 내가 만일 그런 일을 당하여 옥련이가 계모에게 미움을 받고 고생을 할 지경이면 옥련이를 불쌍히 여길 뿐 아니라, 그런 후취 마누라는 친정에로 쫓아보내지." . .

하던 장치중이라.

안씨 부인의 병이 쾌히 나은 후에, 두 내외가 옥련이를 앞에 앉히고 웃음빛으로 세월을 보내다가, 웃음 끝에 바람이 들어서 살풍경이 일어

난다.

장씨가 홀연히 평양 기생 농선이를 첩으로 들여 앉히더니, 농선의 소리는 꾀꼬리 소리같이 들리고, 부인의 소리는 염병막 까마귀 소리같이 들리기 시작하는데, 농선이와 정이 깊어 갈수록 부인과 적벽 강산같이 싸울 뿐이라.

장옥련이는 그 모친의 역성만 들고, 농선이를 미워한다고 농선에게만 미움을 받을 뿐 아니라, 그 부친의 눈앞에 얼씬을 못할 지경이라.

농선이가 이름은 신선 선자로 지었으나, 마음은 아귀 귀신 같이 모진 계집이라, 장치중의 베갯머리에서 밤마다 그 안마누라의 흉을 보느라고 닭이 몇 홰씩 울도록 잠을 아니 자다가, 새벽잠이 들면 식전을 밤중으로 알고 자는 위인이라.

처음에는 흉을 보아도 볼 만한 흉을 보더니, 나중에는 터무니없는 모함을 한다.

가령, 아니한 도둑질을 하였다 하더라도 형체 있는 물건을 집어다가 감춘 곳 없고, 또 실물한 증거가 분명치 아니하면 애매한 것이 드러날 것이요, 아니한 살인을 하였다 하더라도 남의 손에 죽은 사람 없으면 발명될 일이라. 그러나 인간의 발명치 못할 말은 남녀간에 비밀한 관계가 있다 하는 말이라.

본래 농선이가 팔난봉된 동생이 있는데, 떠꺼머리 총각이라. 노름 잘하고 사람 잘 치고 싸개통에 위급하면 길 반씩이나 되는 담을 훌훌 뛰어 넘어가는 자인데, 남매간에 본 체도 아니하던 농선이가 새로이 그 동생의 노름 밑천을 대어 주며 살살 꾀이니, 그 총각은 농선의 지휘대로만 하는 터이라.

으스름 달 깊은 밤에 총각을 장씨 집 안 뒷담 밖에 숨겨 두고 농선이가 장치중이를 대하여 눈물을 이리 씻고 저리 씻으며,

"여보 서방님, 내가 서방님께 정이 부족하여 하는 말이 아니라, 내가

이 집에 있으면 안방 아씨께 적악이라. 나는 오늘 밤이라도 어디로 갈 터이니 나를 생각지 말으시고 아씨의 마음을 돌리시도록 위로하여 드리고, 두 분이 잘 살으시오."

장치중 "……."

농선 "서방님은 첩을 두고 호강을 하시는데, 아씨는 남편을 내게 뺏기고 팔자에 없는 과부같이 세월을 보내시니 무슨 생각이 아니 나겠소?"

장치중 "응, 무슨 생각이라니?"

농선 "무슨 말을 들으시든지 대장부의 활발한 마음으로 너그럽게 용서하는 조처를 하실 터이오?"

장치중 "……."

농선 "다짐 두시오."

장치중 "다짐이라니, 네게 다짐을 둔단 말이냐?"

농선 "왜 내게는 다짐 못 두나?"

장치중 "오냐, 무슨 말을 듣든지 아니 들은 셈만 치고 있을 터이니 말을 자세히 하여라."

농선 "서방님이 그 허락을 하시니 말이오. 아씨가 외인 통간을 하시는 것이 아씨의 허물이 아니라, 서방님이 아씨의 그런 마음이 생기도록 하신 일이니 부디 허물 말고 아씨를 사랑하고 잘 살으시오. 전에 첩 없을 때에 그런 일 있었소? 첩을 버리면 이후에는 그런 일이 있을 리가 만무 하지요."

장치중 "네 말하는 눈치가 무슨 일이 정녕 있는 모양이니 자세히 말하여라."

농선이가 말을 할 듯 할 듯하고 아니 하는데, 마침 자명종은 밤 열두 시를 땡땡 치는지라.

농선 "내 입으로 차마 말하기 어려우니 나를 따라오시면, 보실 일이 있소, 날마다 이맘때 쯤이면."

하더니 문을 살짝 열고 나가니, 장씨가 뒤를 따라 나선다.

농선이가 앞에 서서 자취 소리 없이 안방 뒷문 밖으로 돌아가다가 깜짝 놀라서,

"에그머니!"

소리를 나지막하게 지르는데, 담 안 오동나무 아래 웬 떠꺼머리 총각한 아이가 섰다가 담을 훌쩍 뛰어 넘어간다.

근심 많은 안씨 부인은 마침 잠 못 이루어 담배를 먹고 앉았다가 뒤꼍에 무슨 인기척이 있는 것을 듣고 문을 열고 내다보니 눈에 보이는 것은 없고, 소름이 좍좍 끼치는데, 겁결에 문을 닫고 생각하니 이상한 인기척이라.

그 이튿날 장씨 입에서는 안씨 부인이 실행하였다 하는 죄목 선고가 나는지라. 부인은 거머리 속같이 뒤집어 보일 수도 없는 일이요, 다만 분하고 설운 마음을 이기지 못하여 어느 날 밤에 그 딸 잠든 새를 타서 가만히 나가사 대동강 물에 빠져 죽었는데, 장옥련이가 그 모친을 생각하고 피눈물을 떨어뜨리며 날을 보내니, 그 때는 갑진년 팔월이라.

가을 달은 창량하고 찬 이슬에 목맺힌 벌레 소리 그윽한데, 장옥련이가 빈 방에서 불을 끄고 혼자 앉았으니 잊으려 하여도 잊을 수 없는 것은 그 어머니 생각이라.

아랫목에 누웠는 듯, 옆에 앉았는 듯, 창 밖에서 문을 열고 들어오는 듯하다가, 다시 생각한즉 그 어머니는 의심없이 이 세상을 버린 사람이라.

그러나 그 어머니가 죽는 것을 본 사람도 없고, 죽은 시체도 찾지 못한 고로, 죽은 증거가 없은즉 옥련의 생각에 그 어머니가 혹 살았는가, 요행을 바라는 마음도 있는 터이라.

적적한 빈 뜰에 바람에 굴러다니는 나뭇잎 소리를 듣고 사람의 자취

인가 의심하는 옥련이가 문을 열고 내다보니 만물이 괴괴한데, 대동강 물소리만 멀리 멀리 들릴 뿐이라.

장옥련이가 지향 없이 마당으로 내려가서 거닐다가, 그 어머니 자취의 기념물을 보고 반겼다.

어둠침침한 담 아래 반쯤 피어 휘어진 국화떨기는 어머니 손으로 심은 것이라. 내 손으로 한 번 꺾어 볼까 생각하고, 한 걸음 두 걸음 꽃을 향하여 가는데, 초당 앞 기둥 밑에서 싹싹 울던 귀뚜라미 소리 똑 그치고 방 속에서 사람의 말소리가 들린다.

그 초당은 그 부친과 농선이 거처하는 방이라. 옥련이가 발을 멈추고 가만히 서서 들은즉, 그 부친과 농선이가 그 어머니의 공론을 하는 말이라.

부친 "마누라가 어디로 갔는지 종적을 알 수 없지?"

농선 "아씨도 참 박절한 사람이지, 서방님은 저렇게 생각하고 계신데 어찌 차마 떼치고 가누."

부친 "마누라를 보고 싶어서 하는 말이 아니다."

농선 "발명하실 것 무엇 있소? 보고 싶다 하시기로 누가 샘을 할 터이오?"

부친 "발명하는 말이 아니라. 달아난 계집을 보고 싶어하는 그런 창자 빠진 사람이 있단 말이냐?"

농선 "여보 서방님, 무정한 말씀도 하시오. 여덟 해나 같이 살던 터에 생각이 아니 나면 인정 밖이지요."

부친 "네 말도 그럴 듯한 말이나, 소위 양반의 여편네가 서방질을 하다가 도망질까지 하여……. 어떠한 놈을 달고 어디로 갔는지 모르거니와, 내 눈에 뜨일 지경이면 그런 년은 당장에 박살을 하여도 시원치 아니하겠다. 아씨가 다 무엇이냐, 내 귀에 다시 아씨라고 하지 마라. 그런 년더러 아씨 하면, 화냥질하는 것더러는 무슨 아씨라 할 터이냐? 너 들어 보아라. 그런 괴악한 년이 또 어디 있겠느냐? 과년한 딸을 한방에다 데리고 있으면서 떠꺼머리 총각 아이놈을 밤마다 상종이 있은 모양이니, 옥련이가 그 눈치를 모를 리가 없을 터이라. 천생 음란한 어미년은 하릴없거니와, 그 어미를 보고 배우던 옥련이가 어떻게 될 것인지?"

농선 "서방님이 아씨를 미운 생각만 하시고, 불쌍한 생각은 아니 하시니 답답한 일이오. 지금 아씨의 나이 서른두 살이요, 서방님은 서른셋이나 되셨으니 한 살이 적어도 아씨가 더 젊은 터이라, 과년한 딸 두기는 서방님이나 아씨나 다를 것 무엇 있소? 서방님은 초당에서 젊은 첩을 데리고 깊은 잠에 단꿈을 꾸시는데, 아씨는 삼 년 소박에 적적한 마음을 이기지 못하여 총각 아이에게 정을 붙여 있었으니, 서방님이 농선이를 사랑하는 마음이나 아씨가 총각을 사랑하는 마음이나 정들기는 일반이라. 서로 떨어질 수 없는 정에 일이 탄로가 되었으니 어찌 아니 달아날 수가 있소. 또 옥련의 말을 하시니 말이요, 아이들은 가르치는 대로 기르는 것이라. 그 어머니를 책망할지언정 옥련이를 책망할 수가 있소? 여보, 내가 옥련이가 되었더라도 요조숙녀 되지는 못하겠소."

옥련이가 창 밖에서 말을 엿듣다가 어찌 기가 막히던지 이를 악물고 발발 떨면서 악이라도 쓰고 싶고, 몸부림이라도 하고 싶고, 초당에 뛰어들어가서 아버지 눈앞에서 농선의 치마끈에 목이라도 매어 죽고 싶은 마음을 주리 참듯 참으며 생각하니, 애비 앞에서 발악하는 것은 불효한 자식의 일이요, 무식한 사람의 일이라. 하물며 여자의 행위가 차마 그러 할 수가 없는지라. 가만히 돌아서서 방에 들어가니, 그 방은 그 어머니 세간 살림하던 안방이라.

그 어머니가 나가신 지가 열흘이 못 되었으나, 옥련의 마음에 그 열흘 동안이 십 년이나 된 듯하다가 다시 생각한즉, 어제 일 같고 지금 일 같고 거짓말같이 정신이 황홀한데, 불을 켜고 방 안을 돌아보니, 눈에 보이는 것이 다 그 어머니 자취뿐인데, 그러한 자취 중에 옥련의 철천지 한 되는 것은 세상을 하직하노라 하고 피눈물을 떨어뜨리며 써 놓은 유서이라.

옥련이가 그 유서를 한 번 다시 보고자 하여, 품에 품었던 유서를 내어 들고 보다가, 솟아나는 눈물에 가려서 글자가 보이지 아니하는지라, 옥련이가 가슴을 두드리며 혼자말이라.

"우리 아버지같이 착하시던 마음으로 죄없는 어머니에게 저러한 적악하시는 것은 아무리 생각하여도 아버지 본마음이 아니지. 구미호같이 요악한 서모의 말을 구서*같이 믿으시는 것은 아버지 본정신이 아니라. 본마음이 변하고 본정신을 잃으신 아버지를 원망하면 내가 불효이라. 내가 원망을 하려면 차라리 우리 어머니를 원망할 일이라. 어머니가 세상을 버리실 생각이 있거든 나더러 그 말을 하시고 모녀가 같이 죽을 도리를 하실 일이지. 야속하다, 야속하다, 어머니가 야속하다. 어머니 혼자 팔자 좋게 세상을 모르고 지내시고, 믿을 곳 없는 옥련이더러 혼자 이 설움을 받으란 말인가! 서모도 어미의 항렬이니, 서모더러 욕을 하면 내가 괴이한 년이라. 그러나 우리 서모 농선이는 우리 어머니 죽인 원수요, 우리 아버지 정신 빼앗는 불우요, 철모르는 옥련이까지 누명을 살짝 뒤집어씌우는 악독한 사람이라. 내가 아무리 도리를 차려 말하고자 하더라도 솟아나는 마음에 이만 갈리고 욕밖에 나오는 것이 없구나. 오냐, 그만두어라. 내가 이러한 말을 하면 무엇하며, 이러한 근심을 하여 무엇하랴. 오늘 밤이라도 대동강 물에 풍덩 빠져 죽었으면 세상 만사를 다 잊어버릴 것이라."
하고 밤중에 뛰어나서서 대동강을 찾아가는데, 깊은 밤 모르는 길에 이

---

*구서 거북점의 점괘.

리저리 쏘다니다가 무인지경으로 가더니, 기운은 없고, 걸음은 걸리지 아니하고, 눈에 헛것만 보인다.

언덕 밑에 거무스름한 가시덤불이 보이는데, 옥련의 눈에는 검은 장삼 입은 중이 웅크리고 앉은 것으로 보이는지라.

옥련이가 무서운 마음에 숨도 크게 못 쉬고 빈 밭 가운데로 피하여 가다가, 외따로 선 수숫대 잎사귀가 바람에 흔들리는 것이 보이는데, 옥련의 눈에는 사람의 형상으로 보이는지라. 키는 크고 몸은 가늘고 한 팔은 도두 붙고 한 팔은 축 처져 붙었는데, 옥련이를 붙들려고 두 팔을 휘젓고 쫓아오는 것 같은지라.

옥련이가 밤중에 뛰어나설 때 마음에는 귀신이 덮치더라도 겁날 것 없고, 호랑이가 달려들더라도 겁날 것 없고, 다만 부랑한 남자의 손에 붙들릴까 봐 겁이 나는 마음뿐이라.

무엇에 겁이 나든지 겁에 띄기는 일반이라. 무엇을 보든지 옥련이가 그 물건을 사람의 형상으로 조직하여 생각하고, 내 몸에 침범하려는 형상으로 의심하는 터이라 옥련이가 죽으려든 생각은 잊어버리고 일심정력이 그 팔병신에게 붙들리지 않을 작정이라.

돌쳐서서 달아나는데 한 걸음 걷고 돌아다보고, 두 걸음 걷고 또 한 번 돌아다보고, 걷고 보고, 보고 걷는 중에 몸에 무엇이 탁 부딪치는데 깜짝 놀라 쳐다보니, 쟁반같이 큰 얼굴에 사모 쓴 사람이라. 옥련이가 소리를 버럭 지르고 폭 주저앉더니 정신없이 하는 소리가, 그 어머니를 찾는 소리라.

청춘의 몸을 강물에 던지러 나가던 옥련이가 목숨은 살았으나 어두운 밤 장승 밑에서 죽은 시체만 못한 병신이 되었는데, 누가 보든지 인물이 일색이요, 옷도 깨끗이 입은 계집아이라, 어느 귀인의 집 작은 아씨로 볼 터이나, 그러나 정신이 들락날락하는 미친 계집아이라. 장옥련의 고생하고 미친 년은 평양 북문 안에 사는 김옥련의 모친 최씨 부인의 잠 못 자던 밤이라.

　이별한 지 십 년 만에 그 남편 김관일과 그 딸 옥련이가 내일은 평양 도착한다는 기별을 보고 별성 행차나 들어오는 듯이 부인이 장팔 어미를 데리고 음식도 준비하고 또 흥에 띠어서 이야기하느라고 밤을 꼭 새운 터이라.

　그 이튿날은 식전부터 기다리다가. 해가 서천에 기울어지매 부인이 마루 끝에 서서 문간만 내다보고 섰는 터이라.

　미친 장옥련이는 날이 밝은 후에 평양 성내에 들어와서 집집에 들어가며 어머니를 부르다가 쫓겨나가는 터이라. 그러나 잠깐이라도 박대를 아니 받을 운수를 띠었는지 김관일의 집 안 문중에로 쑥 들어가며,

　　"어머니, 옥련이가 어머니 보러 왔소. 대동강 물에 빠져 죽는다고 유서를 써서 두고 나가던 우리 어머니가 살아 있네!"

하는 소리에 그 집안이 발끈 뒤집힌다. 새끼 달린 암캐가 안마루 밑에서 앞뒷다리를 쭉 뻗고 모로 드러누워서 네 마리 새끼를 젖먹이며 잠이 들었다가, 장옥련의 소리를 듣고 두 귀를 쫑긋하며 고개를 번쩍 들고 내다보다가 와락 뛰어나오는 서슬에 젖꼭지를 물었던 강아지는 젖꼭지 문 채로 달려나오다가 장작윷에 걸치듯이 세 마리는 자빠지고, 한 마리는 엎드러져서 뜰 아래에 늘비하게 굴렀는데, 어미개는 새끼가 어떻게 되었든지 돌아다보지도 아니하고 목덜미의 털이 엉크렇게 일어나며, 엉성한 이빨로 옥련이를 물듯이 응응 소리를 하며 달려드는데, 김관일의 부인과 고장팔이 모가 버선 바닥으로 뛰어내려가더니 장팔의 모는 짚신짝으로 개를 때리고, 부인은 장옥련이를 붙들고 창황히 날뛴다.

　반가운 마음은 옥련이를 안고 뒹굴 것같이, 좋은 마음은 옥련이를 붙들고 펄펄 뛸 것 같고, 기쁜 눈물은 쏟아지고, 즐거운 말은 퍼붓는 듯이 나온다.

부인 "네가 옥련이냐? 참 몰라보게 되었구나. 네가 살았다가 어미를 찾아올 줄 누가 알았으며, 내가 살았다 네 얼굴을 다시 볼 줄 누가 알았으랴! 옥련아, 어서 방으로 들어가자. 너의 아버지께서는 어찌하여 뒤에 떨어지셨느냐?"

장옥련 "어머니, 어머니. 이 원수를 어떻게 갚는단 말이오? 어머니가 행실 부정한 일이 있다고 모함하던 서모가 모함까지 하는구려. 아버지는 서모에게 혹하여 어머니를 원수같이 미워하셔서 눈에 띄면 박살을 하겠다 하시고, 옥련이도 죽일 년, 살릴 년 하며 미워하시는 고로 옥련이가 아버지 모르게 도망하여 왔소."

하더니 부인을 쳐다보며 비죽비죽 운다.

본래 김관일이가 미국 워싱턴에서 떠날 때부터 자기 집에 전보를 하였는데, 워싱턴과 샌프란시스코에서 한 전보는 영서이라. 김관일의 부친이 그 전보를 받아 가지고 예수교당에 가서 물어 알았고, 일본 요코하마, 오사카, 마노세키에서 한 전보는 편가명*이라, 일본말 아는 사람에게 물어 알았고, 부산, 인천, 진남포에서 한 전보는 조선 언문이라 남에게 물어 볼 것 없이 부인이 알아보았는데, 전후 여덟 번 전보에 진남포 전보가 마지막 전보이라.

진남포 하륙, 구월 초이일, 평양 도달
김

부인이 그러하던 전보를 받아 볼 때에 그 남편의 성자가 쓰인 고로, 그 남편이 그 딸을 데리고 오는 줄로 알았다가, 미친 장옥련의 말을 듣고 생각하니, 옥련의 성이 김가라, 옥련이가 혼자 오며 전보를 하더

---

* 편가명 일본의 글자. 가타카나.

라도 김자만 썼을 터이라, 미친 장옥련의 말이 낱낱이 곧이들리는데 그 말이 마디마디 기가 막히는 말이라. 장옥련이를 붙들고 울며,

"이애 옥련아, 세상에 이러한 일도 있단 말이냐! 내 팔자가 기박하고 네 신세도 가련하다. 너의 아버지께서 첩에게 혹하여 처자를 의심하고 미워하신다 하니, 의심할 일은 무엇이며, 미워할 일은 무엇이란 말이냐? 별 풍상 다 지내고 십 년 고생을 참고 있다가 이런 소리 들을 줄 누가 알았단 말이냐! 나는 시앗에게 모함을 당하더라도 근심될 것 없고, 남편에게 박살을 당하더라도 겁날 것 없다. 죽으면 그만이지, 근심은 무슨 근심을 하며, 겁은 무슨 겁이 난단 말이냐? 그러나 너도 전정이 만 리 같은 아이가 그런 누명을 듣고 죽기도 원통한 일이요, 살아 있어도 신세는 마친 사람이니, 이러한 화전 충화*가 어디 있단 말이냐. 너의 아버지가 너를 데리고 오시는 줄로 알고 손꼽아 날 보내며 기다리다가, 이런 소식 들을 줄은 천만 의외로구나. 오냐, 그만 두어라. 죽든지 살든지 오늘 너를 만나 보니 내 한이 풀리겠다. 옥련아, 방에로 들어가서 서로 고생하던 이야기나 하자?"

하며 장옥련의 손목을 잡아끌며 방에로 들어가기를 재촉하는데, 장옥련이가 장승같이 딱 서서 무엇을 정신 없이 물끄럼 보더니 쌩긋쌩긋 웃다가, 비죽비죽 울다가, 절을 꾸벅꾸벅하다가 하늘을 쳐다보며,

"하느님, 하느님, 하느님, 하느님, 하느님 비옵니다. 내 앞에 섰는 요년을 벼락을 칩시사. 요년이 옥련의 서모올시다. 요 몹쓸 년이 우리 모녀의 모함하던 년이올시다. 옳지, 옳지, 옳지, 옳지, 하늘에서 벼락 불이 내려온다. 내려온다. 내려온다. 내려온다. 우지끈 뚝딱, 조년 벼락 맞았다!"

하며 손가락으로 부인을 가리키며 깔깔 웃는다.

---

* **화전 충화**(花田衝火) 꽃밭에 불을 지름. 곧 젊은이의 앞길을 막음의 비유.

부인이 그 모양을 보더니 소름이 죽죽 끼치는데, 부인의 마음에, 옥련이가 서모에게 설움을 몹시 받고, 그 부친에게도 미움을 많이 받아서 원통한 마음을 이기지 못하여 실성이 된 줄로 알고 불쌍한 생각에 기가 막힐 지경이라. 장옥련이를 얼싸안고,

"이것이 웬일이냐? 네가 어찌하여 이렇게 되었단 말이냐? 옥련아. 정신 좀 차려라. 내가 네 어미다. 네가 죽은 줄 알고 있을 때에는 내 가슴이 이렇게 쓰리고 아프지 아니하더니, 네 모양이 이러한 것을 보니 뼈가 녹는 듯하고 창자가 끊어지는 듯하니, 참척을 보더라도 이렇게 원통치는 아니하겠다. 아비나 어미나 자식 사랑하는 마음은 다를 것 없을 터인데, 너의 아버지께서는 어찌하여 마음이 그러시단 말이냐? 고생 중에 자라던 자식을 보고 불쌍한 생각도 없다더냐? 옥련이를 어찌 미워하며, 옥련이에게 저런 적악을 한다더냐?"

소리를 지르며 목을 놓아 우니 설움 많던 장팔 어미가 또한 따라 운다.

개는 노파에게 얻어맞고 마루 밑에 숨었다가 뛰어나오더니 새로이 장옥련이를 보고 짖는데, 옥련이는 춤을 춘다.

웬 아이들이 몰려들어오기 시작하더니 삽시간에 좁은 마당이 툭 터지도록 들어서서 장옥련의 춤추는 것을 보고 웃음통이 터지며 어찌 몹시 떠들던지 장팔 어미가 울음을 그치고,

"구경이 무슨 구경이냐?"

소리를 지르며 아이들을 내쫓으려다가 다부지기로 유명한 평양 아이들이 여간 장팔 어미의 소리에 겁이 나서 그런 재미있는 구경을 못하고 쫓겨나갈 아이들이 아니라, 장팔 어미는 기가 나서 날뛰는데 나가는 아이는 하나도 없고 들어오는 아이뿐이라.

그 날은 마침 김관일이가 그 딸 옥련이를 데리고 평양 성내에 도달하는 날이라.

음력 구월 초하룻날 진남포에 하륙하였는데, 그 이튿날은 기어이 평양 성내에 도달하고 싶으나 짐이 많은 고로 그 짐을 영거하여 가려 하면, 길에서 하루 지체가 더 될 모양이라.

그런 고로 짐은 객줏집에 맡겨 두고 사람만 먼저 떠날 작정으로, 자기 집에 초이일 평양 도달한다는 전보까지 하고 그 날은 이미 저문 고로 진만포 객줏집에서 자고, 그 이튿날 새벽밥을 시켜 먹고, 두패 교군 두 채를 얻어서 타고 가는데, 그 날은 날이 저물더라도 평양 성내로 대어 들어갈 작정이라.

중상을 주는 아래 반드시 용맹한 사람이 있다는 말과 같이, 교군삯 후히 주고 쉴 참에 막걸리 많이 먹이는 서슬에 교군꾼이 걸음을 썩 빨리 걷는데, 본래 참당나귀 같은 교군이라. 쉴 참은 되었는지 못 되었든지 술항아리 옆에 돼지 다리 놓인 것만 보면 발목이 시다든지 무슨 핑계를 하든지 쉬는데, 교군 탄 사람끼리 서로 내다보고 이야기하기 좋도록 두 교군을 나란히 내려놓는지라. 옥련이는 쉴 때마다 그 부친의 교군을 내다보며,

"아버지, 평양이 얼마나 남았소? 에그, 멀기도 하지. 오사카에서 마노세키보다 더 먼 것 같소. 내가 오사카에서 마노세키까지 갈 때는 머리가 이렇게 아프지 않더니⋯⋯. 아버지, 아버지, 어제 진남포에서 한 전보는 어머니께서 받아 보셨겠지요? 오늘은 우리가 집에 들어갈 줄 알고 계시면서 오죽 좋아하실꼬. 아마 문간에 나서서 기다리시지. 아버지, 아버지, 나는 우리 어머니 얼굴을 보아도 모를 터이야. 어머니는 나를 알아보실는지?"

하면서 기쁜 마음을 이기지 못하는 것을 김관일이가 볼 때마다 그 딸을 귀애하는 마음과, 그 날 자기 집에 돌아가서 가족을 만나 볼 마음에 유쾌한 생각뿐이라.

그렇게 기쁜 마음에 뛰어가는 길이 해가 떨어질 때나 되어서야 겨우

평양성 북문에 다다른지라.

관일이가 교군 속에서 내다보며 길을 가리키다가 자기 집 앞에서 교군을 내려서 옥련이를 데리고 자기 집으로 들어가는데, 문간에 사람이 어찌 많이 들어섰던지 발 들여 놓을 틈이 없고, 안마당에는 여편네 울음소리도 나고, 노파의 악쓰는 소리도 나고, 아이들 웃음소리도 나거늘, 관일이가 혹 자기 집이 아닌가 의심이 나서 발을 멈추고 자세히 본즉 분명한 자기 집이라.

그러나 근일에 혹 이사를 하였는가 또 의심하여 곁의 사람더러 이 집이 뉘집이냐 묻다가 언뜻 본즉 장팔 어미가 아이들을 내쫓느라고 소리소리 지르고 돌아다니는지라.

관일이가 장팔 어미를 부르면서 마당에로 들어서는데 장팔의 모가 웬 정신이 그리도 좋던지 관일의 목소리를 듣고 쳐다보니, 비록 복색은 변하였으나 얼굴은 십 년 전에 보던 주인 서방님이라.

그러나 그 뒤에 꽃 같은 젊은 여편네가 부인 양복을 입고 따라 들어오는데 장팔의 모가 아무리 정신이 좋기로 일곱 살에 고향을 떠나서 열일곱 살 된 옥련이를 알아볼 수는 없는 터이라. 장팔의 모가 주인서방님에게 인사할 여가도 없이 쏜살같이 주인아씨에게로 가더니,

노파 "여보 아씨, 서방님께서 어디서 님을 데리고 오셨습니다."

정신없이 울던 부인의 귀에 그런 말은 어찌 그리 잘 들리던지 부인이 울음을 뚝 그치고 노파를 돌아다보며,

부인 "응, 서방님이 오셔? 나를 박살하러 오신 것이지. 계집까지 데려오셨어. 나는 서방님 손에 박살을 당하기 싫어. 내가 어디 가서 물에나 빠져 죽지."

하면서 부엌에로 쑥 들어가더니, 부엌 뒷문을 열고 나가는데 김관일이가 장팔의 모더러, 무슨 말 묻는 동안에 부인은 어디로 갔는지 종적을 모를 지경이라.

그 후 일 주일 만에 평양 성내 유명한 신사들이 김관일을 위하여 환영회를 여는데, 회장은 모란봉이요, 날은 시골서 이름 있는 날로 떠드는 구월 구일이라. 구름 같은 차일 밑에 앞뒤 휘장 둘러치고 진수 성찬과 갖은 풍악을 베풀어 놓고 김씨 부녀가 십 년 간에 해외 풍상에 고생한 것을 위로하고, 지금 가속*이 서로 만난 것을 경축하는 회인데 회원이 삼백여 명이라.

평양은 조선에 제일 먼저 개화한 지방이라 하나, 말이 개화이지 그 때 평양부 내 신사가 연회에 동부인 출석한 사람은 하나도 없고. 다만 김관일이가 그 부인과 그 딸 옥련이를 데리고 온 터이라.

최씨 부인도 남만 못지 아니한 완고 부인이나, 그 남편과 그 딸의 권함에 이기지 못하여 따라나온 터이라. 평생에 남의 집 남자의 그림자만 보아도 피하여 달아나던 여편네가 홀지에 삼백여 명 신사 모인 곳에 와서 앉았으니, 환영받는 흥치는 조금도 없고 부끄러운 마음뿐이라. 감기는 아니 들었으나 기침은 웬 기침이 그리 나려 하며, 새 옷을 입고 나왔으나 가려운 곳은 왜 그리 많으며, 술을 입에 대지도 아니 하였으나 얼굴은 왜 그리 붉으며, 아침에 나설 때는 선선하더니 낮이 되더니 덥기는 왜 그리 더우며, 발은 왜 그리 저리며, 머리는 왜 그리 아프며, 해는 왜 그리 길며, 연회에 온 사람들이 술은 웬 술을 그리 많이 먹던지 권하느니 술이요, 잡느니 술잔이라.

얼굴이 선지방구리된 사람, 혀꼬부라진 소리 하는 사람, 곤드레만드레하는 사람, 한 말을 또 하고 또 하고 하는 사람들이 김관일의 앞으로만 모여 앉아서 새로이 관일에게 술을 권하는데, 관일의 옆에 앉았는 사람은 부인과 옥련이라. 세 식구가 같이 받는 환영이나, 술잔은 도거리로 관일에게만 들어가는데,

---

* 가속(家屬) 한 집안에 딸린 식구.

"잔 받게."

하는 노인도 있고,

"잔 받아라."

하는 연배 친구도 있고,

"잔 받읍시오."

하는 버릇없는 개화 소년도 있는데, 김씨는 싸개통에 든 사람같이 술잔을 사양하면 책망이 일어날 듯한 자리에 있어도 여러 사람의 마음을 다 좋도록 좌우로 수작하면서, 먼저 받은 술잔은 땅에 슬쩍슬쩍 엎쳐 버리고 새로 권하는 술잔을 받는데, 술 부어 드리는 기생들은 쌍청을 아울러서 권주가를 부르는 서슬에 회원의 흥치는 돋우고 술은 무진장같이 나오는데, 최씨 부인은 그 자리 앉은 것이 재판관의 앞에서 심문을 당하는 죄인같이 어서 바삐 이 자리를 면하여 나가고 싶은 마음뿐이라. 보는 사람은 무심히 보더라도 누가 부인의 얼굴을 좀 쳐다보면 부인은 자기 얼굴을 누가 뜯어먹는 듯이 고개를 푹 숙이고 앉았는데, 어떠한 양복 입은 젊은 남자가 술잔을 들어서 부인 앞으로 드리며,

"오늘 이러한 환영회에 오셨다가 술 한 잔 아니 잡수시면 여러 회원이 섭섭하여집니다."

하는 소리에 부인이 깜짝 놀라서 창황 중에 쑥 하는 말로,

"에그, 망측하여라."

소리를 하며 돌아다보니 초이튿날 저녁에 자기의 목숨을 구하여 주던 서일순이라.

만리 창해에 오고가는 화륜선이 서로 피할 겨를 없이 마주 부딪치는 것도 인연이라. 서씨가 김씨 집에 무슨 깊은 인연이 있었는지 졸지에 친분이 생기느라고 구월 초이튿날, 평양 북문 안 김관일의 집에서 공교한 소요가 생긴 것이라.

서일순의 자는 이문이요, 별명은 삼부지요, 행세는 팔체라.

삼부지라 하는 것은 세 가지 알 수 없는 일이 있다는 말인데, 한 가지는 서씨의 나이 이십일 세가 되었는데, 장가는 무슨 지조가 있어서 아니 드는지 알 수 없는 일이요, 돈은 썩 잘 쓰는데 재산은 얼마나 가진 사람인지 알 수 없는 일이요, 풍치는 무한히 있는데 평양 기생 하나 상관 아니 하는 것이 알 수 없는 일이라.

팔체라 하는 것은 여덟 가지 잘하는 것이 있는 체한다는 말인데, 글귀나 하는 체, 글씨줄이나 쓰는 체, 묵화도 좀 치는 체, 갖은 음률 다 잘하는 체, 말 잘하는 체, 의협심도 있는 체, 개화한 체, 그러한 팔체 중에 입내는 다 낼 뿐 아니라 말은 참 잘하는 변사이라. 본래 의주 사람으로, 삼 년 전에 그 부친이 죽은 후에 경성으로 이사하여 사는데, 수일 전에 구경차로 평양에 와서 두류*하는 터이라.

얼굴은 관옥 같고, 눈은 샛별 같고, 입술은 주사를 바른 것 같고, 키는 크도 작도 아니한 미남자라. 양복은 몇 벌이나 가졌으며, 조선옷은 몇 벌이나 가지고 다니는지 며칠도리로 복색을 변하는데, 무슨 옷을 입든지 그 사람의 몸에는 그 옷을 입은 것이 맵시가 더 나는 것같이 보이는 터이라.

그 달 초이튿날은 조타모자를 쓰고 조선 두루마기 입고, 양혜* 신고 북문 밖에 산보하러 나갔다가 돌아오는 길에, 마침 북문 안 김관일의 집에서 무슨 소요가 있는 것을 보고 머리에 쓴 모자를 벗어서 옷가슴에 깊이 넣고 구경꾼 아이들과 섞여 서서 김씨 집 안마당에 들어가서 구경을 하다가, 김관일의 부인이 죽느니 사느니 하며 뒷문으로 나아가는 것을 보고, 서씨가 앞문으로 얼른 가서 부인의 뒤를 밟아 쫓아간즉 부인이 과연 죽을 작정으로 대동강으로 가더니, 물에 빠지려 하는지라. 사람의 목숨이 경각간에 위태할 지경에 체면도 차릴 수가 없이 달려들어

─────────────────────────

* **두류**(逗留) 객지에 머물러 있는 것.
* **양혜**(洋鞋) 구두.

붙든즉 부인이 서리같이 호령을 하거늘, 말 잘하는 서 소년이,

"어머니, 어머니."

하며 빌고 달래고 꼬이는데 상성*을 한 듯한 최씨 부인이 마음을 잠깐 돌려서 다시 생각하되, 내가 죽더라도 남편에게 하고 싶은 말이나 다하고 죽으려는 마음으로 서씨를 따라서 자기 집에 돌아오니라.

그러한 소요는 평양부 내에서 소문 못 들은 사람이 없는 고로, 김관일의 안면을 모르던 사람일지라도 김관일의 부녀가 귀국한 소문도 듣고, 김씨의 부녀가 십 년 간 풍상 겪던 일까지 호외를 돌린 듯이 소리가 널리 나고, 이름이 일시에 드러난지라.

구월 구일 환영회는 누가 발기하였든지 김씨를 알고 모르고 간에 구경삼아 온 사람이 많았는데, 그 회에 제일 먼저 출석할 듯한 서일순이가 무슨 일이 있어서 왔던지, 김관일의 앞에 와서 평양 돌팔매 들어가듯 술잔이 들어갈 때에, 서씨가 또한 김씨 앞에 와서 술 한 잔을 권하였으나, 최씨 부인은 부끄러운 마음에 취하여, 사람을 쳐다보지 못하고 자기 입만 보고 앉았는 고로, 서씨가 온 줄을 모르고 있다가 뜻밖에 자기 앞에 술잔이 쑥 들어오는 것을 욕을 본 것같이 놀라 쳐다보니, 허물없고 반가운 사람이라. 부인의 마음에,

'저 사람이 아닐러면 내가 벌써 고깃배에 장사를 지냈을 터이라. 목숨이 아까운 것이 아니라, 어질고 착한 남편을 원망하고 죽었더면 죽은 혼령이라도 죄를 받을 것이요, 난리 중에 죽었다고 단념한 자식이 살아 있다가 십 년 만에 어미 보러 온 옥련이를 몰라보고 원수 피하듯이 뛰어나가 죽었던들 어미의 한 되는 것은 고사하고 옥련에게 한을 끼치는 것이 또한 내 죄라. 미친 년에게 속아서 경솔히 죽으려던 내가 미친 년이지 싶은 생각을 하면 아슬아슬한 일이라. 지나간 일은

---

* 상성(喪性) 본래의 성질을 잃어서 딴사람같이 되는 것.

생각하여 쓸데없고 서씨의 은혜를 갚을 일을 생각하면 우리 세 식구가 태산 같은 빚을 지고 있는 터이라. 동생을 삼는다 하면 빈말뿐이지 참동생이 되는 것도 아니요, 아들을 삼는다 하면 남더러 욕하는 말이지 은혜 갚는 것이 아니라. 서씨가 내 소원을 좇을 것 같으면 사위를 삼아서 옥련이가 서씨의 어진 아내 노릇을 하고 옥련이가 아들을 낳아서 그 자식이 서씨에게 효자 노릇을 할 지경이면, 우리가 은혜 갚는 사람이 되겠으나, 그러나 이러한 말을 옥련의 귀에는 감히 들여보내지 못할 일이요, 허물없는 남편에게는 말 못할 것은 없으나 말을 하는 대로 귀양만 보낼 터이니 답답한 일이라. 어찌하면 좋을꼬?

생각하는 것은 부인의 혼자 마음이라. 한편에서는 와글와글 지껄이는 연회석에 벙어리같이 입을 봉하고 앉았던 부인이 서씨를 건너다보며,

"내가 살아서 이런 환영을 받는 것은 서 서방의 덕택이오."

서일순 "천만의 말씀이오. 사람의 목숨이 하늘에 달렸으니 도와 주신 하느님의 덕택이올시다."

부인 "사람이 물에 빠져 죽는 것을 하느님이 손이 있어서 붙들으셨단 말이오?"

서일순 "하느님이 대신 사람의 손으로 붙들었으니, 그것도 하느님이지요. 만일 하늘의 도움이 없으면 붙들려는 사람도 없을 터이오. 있더라도 못 붙들 터이니 어떠하든지 하늘이지요."

부인이 웃음빛을 띤 얼굴로 옥련이를 돌아다보며,

"옥련아, 너 —— 저런 말을 좀 들어 보아라. 세상 사람들이 조그마한 일이 잘한 일이 있더라도 자랑을 하든지 공치사를 하든지 그런 사람이 많을 터인데, 서 서방은 자기가 남에게 적선을 하고 공을 하느님께 돌려 보내니, 적선하는 마음보다 저런 마음이 더 어려운 일이 아니냐? 이애 옥련아, 우리가 서 서방의 은혜를 어떻게 갚는단 말이냐?"

하며 눈물을 씻으니 옥련이가 또한 눈물을 씻는데, 샛별 같은 서일순의 눈 검은 동자는 옥련의 태도가 들어가서 사진을 박았더라.

회는 오후 세 시가 될락말락하였는데, 여기저기 들여온 요리상 위에는 술안주를 닭의 발로 헤쳐 놓은 듯이 흩어졌고, 삼백여 명 회원의 얼굴은 모란봉 단풍이 비치었는데, 회는 파방판에 늘어지게 노는 판이라. 풍악 소리는 연회석 한편이 떠나가는 것 같고, 춤추는 기생들은 떨어지는 꽃과 날아드는 나비가 봄바람에 나부끼는 것 같은데, 풍류랑은 풍류랑끼리 몰려가서 멋에 질려서 건들거리며 놀고, 주객은 주객끼리 몰려앉아서 술 뒤풀이를 하며 지껄이고, 글자나 하는 사람은 글자하는 사람끼리 몰려 앉아서 대야동두점점산*이 잘 지은 글이니 못 지은 글이니 글 이야기가 일어나고, 행세가 점잖다는 사람은 연회에 출석은 어찌하였던지 김관일의 앉았는 곳은 그 부인과 옥련이가 있는 고로 내근하다고 그 근처에는 가지도 아니하고 혼자 심심하게 앉았다가, 혹 말벗이나 될 사람을 보면 태고청 황씨 때 이야기가 나오고, 얼개화꾼은 김관일의 앞으로 모여 앉아서 개화한 체하느라고 각기 신지식을 내어놓는다.

미국은 땅 밑에 있다 하는 사람, 미국은 해가 밤에 돋는다 하는 사람, 서양 사람은 양의 자손인 고로 눈이 푸르다 하는 사람, 그런 고로 서양이라는 양자가 삼점변에 양 양(羊)자라고 더 자세히 아는 체하고, 남의 말 주 내는 사람.

그러한 사람들은 옥련의 얼굴에 정신이 팔려서 까닭없이 흥이 나고 주책없이 거드럭거리는데, 한 사람씩 말을 하는 것이 아니라 남의 말은 듣지도 아니하고 각각 제 말만 하느라고 생황*의 구멍

* 대야동두점점산(大野東頭點點山) 고려 때 문신 김황원(1045~1117)이 부벽루에 올라 대동강의 경치를 보고 지은 한시의 한 구절. '넓은 들 동쪽에는 한점 한점 산이로다.' 라는 뜻.
* 생황(笙簧) 아악에 쓰이는 관악기의 하나.

생황

마다 소리가 나오듯이 입을 다물고 있는 사람은 하나도 없으니, 듣는 사람은 뉘 말을 들어야 좋을지 모르는 터이라.

옥련이는 천성이 단정하고 또 고등 교육을 받은 계집아이라, 부랑 무식한 남자의 성질도 모르고, 또 그 말하는 의미도 전혀 모르고, 다만 연회 끝에 술취한 사람으로만 알고 앉았다가 갈까마귀 떼같이 지껄이는 소리가 어찌 그리 듣기 싫던지 머리가 아프고 귀가 솔 지경이라.

옥련이가 살짝 일어나서 휘장 밖으로 나가니, 가을 바람 서늘한 기운에 새 정신이 나는데, 걸음걸음 거닐다가 사람 없는 나무 밑에 가서 우뚝 섰더니 홀연히 감동되는 일이 있어서 혼자말로 탄식이라.

'이 곳이 옥련이가 총 맞던 곳이런가! 이 곳이 옥련이가 부모 이별하던 곳이런가! 이 곳에서 십 년 전에 무수한 화패를 당하였더니, 오늘은 이 곳에서 이런 환영을 받는구나. 반갑다, 모란봉아, 십 년 풍상에 변치 아니한 것은 네로구나. 옥련이는 운수 불행하여 십 년 동안에 출몰 사생하고 동서양에 표박하다가 하느님이 도우시고 귀신이 도와서 고향에 돌아와서 네 모양을 다시 본다. 모란봉아, 물어 보자. 인생 화복에 알거든 내게 말 좀 하여 주려무나. 옥련의 지나간 십 년이 그러하니, 이후 십 년은 어떠할지. 각골 난망의 은인 구완서와 십년 간 이별이라. 어와 가련하다, 옥련의 신세 가련하다. 옥련의 육체는 떠날 리(離)자를 가지고 있고, 옥련의 정신은 근심 수(愁)자가 맺혀 있으니, 옥련의 일평생은 이별하는 근심으로 지내라는 것인가? 미국 워싱턴에서 아버지를 만나 보니, 고향에 혼자 있는 어머니가 보고 싶고, 고향에 돌아와서 어머니를 만나 보니 다시 구완서를 그리고 못 보는구나!'

하며 머리를 들어 북아메리카 워싱턴을 바라보니, 워싱턴은 육만 리 밖이라. 묘묘한 하늘빛에 눈이 암암할 뿐이요, 다만 보이는 것은 눈앞의 모란봉이라.

홀연히 까마귀가 깍깍 짖는 소리가 나거늘, 옥련이가 머리를 들어 쳐다보니 무지러진 고목 위에 앉은 까마귀 한 마리가 꼬리는 연회장 차일 친 편에로 향하고 대강이는 옥련에게로 향하여 내려다보며 짖거늘 옥련이가 풋대추만한 돌 하나를 집어들고, 까마귀는 펄쩍 날아 석양천에 멀리 떠 달아나고, 돌은 고목 위에는 올라갈 가망도 없이 두어 길 쯤 낮추 떠서 연회장 휘장 친 곳으로 들어가는데, 마침 연회석에서 휘장을 번쩍 들고 쑥 나서는 사람의 머리 위에 뚝 떨어진다.

힘없이 떨어지는 조그마한 돌이라, 다행히 머리가 터지지는 아니하였으나 뼈끝에 골을 맞은 터이라, 머릿골이 울리면서 눈에 불이 번쩍 나서 고개를 들어 바라보니, 열 아름이 되는 고목 등걸 뒤에서 석전하던 적병은 다시 보니 경국 경성의 여장군이라.

그 후 수일 만에 남문 안 최여정의 집에서 주인의 사랑을 혼자 차지하고, 돈을 물쓰듯 하고, 주인에게 상전같이 대접받고 있는 서일순이가, 약 없는 병이라서 귀신 모르는 죽음을 할 지경이라.

약이 없는 것이 아니라, 돈으로 사지 못할 약이요, 힘으로 뺏지 못할 약인데 꼭 그 약을 써야 살 터이라.

병은 무슨 병이냐 물을진대, 얼굴에 웃음빛을 띠고 남더러 말 못 할 병이라. 사지가 무양한 병이요, 백체가 건강한 병이라. 그러면 무병한 사람과 다름이 없지마는, 음식을 먹으면 맛이 없이 먹고, 잠이 들면 꿈 많이 꾸는 병이라. 잠만 들면 옥련이를 만나 보고 잠을 깨면 옥련이가 간 곳 없으니, 밤낮 없이 잠만 들면 좋으련마는 생각이 간절할 때는 잠 들기도 어려우니 잠 못 자는 심병이라.

달 밝고 서리 찬 가을 밤에 귀뚜라미 소리 그윽한데, 때때로 부는 바람, 떨어지는 나뭇잎을 끌어다가 적적한 나그네 창을 툭툭 치는데, 잠 못 들어 번열증 나서 혼자 앓아 담배만 먹다가 혓바늘이 돋아서 담배도 못 먹고 마음을 붙이려고 〈서상기〉*를 보다가 화증이 나서 책을 집어던지고 모으로 툭 쓰러지더니, 오 분 동안이 못 되어 다시 벌떡 일어나서 체경을 앞에다 놓고 들여다본다.

까만 머리에 기름을 함칠하게 발라서 좌우로 떡 갈라붙인 가림자살이 밤톨같이 부었는데, 손으로 꾹꾹 눌러 보면 아프기도 하나 아파서 만져 보는 것도 아니요, 이리저리 들여다보면 혹부리같이 보기도 싫으나, 반악의 투귤같이 내 머리에 돌 던지던 사람을 생각하여 아픈 것을 정표로 알고 부은 것을 기념물로 알아서, 보고 보고, 만지고 만지고, 다시 들여다보고 만져 보며 정신없이 혼자말이라.

"고 몹쓸 것이, 남의 살에 이렇게 표를 하여 놓고 보이지 아니하니 고런 얄미운 것이 어디 있어? 아무리 생각하여도 심상한 일은 아니라. 연회에 왔던 계집아이가 혼자 살그니 나가서 나무 밑에 섰기는 웬일이며, 내가 나가는 것을 보고 돌은 왜 던져? 오냐, 옥련의 마음도 모를 것 없다. 내 옆에 앉았다가 살며시 나가서 나무 밑에 선 것은 까닭이 있는 것인데, 눈치없는 이놈이 삼십 분 동안이나 되도록 아니 나갔으니 제 마음도 좀 답답하였을 것이었다. 일은 꼭 그러할 일이야. 내가 휘장 밖에만 나서거든 암호로 던지려고 동골동골하고 반질반질하고 맵시 좋고 조그마한 돌 하나를 들고 일심 전력으로 기다리고 있다가 나를 보고 툭 던지는 그 돌이 넘고 처지지도 아니하고 줌압줌 뒤로도 아니 가고 내 정신 모여 있는 머리 위에 떨어졌으니 던지기도 묘하게 던졌거니와, 받기도 썩 잘 받았지. 내가 좀 아픈 것은 관계치 아니하나, 옥련이가 무안할 모양이 있는 것이 가엾어. 영서 일점*이 가만히 서로 통한다는 옛사람의 글도 있거니와, 사람의 마음이란 것은 서로 통하기가 쉬운 것인즉, 옥련의 마음은 내가 알고, 내 마음이 이렇게 간절한 것은 옥련이가 모를 리가 없으렷다. 옥련이가 내 마음

* 〈서상기(西廂記)〉 원나라 때의 희곡. 왕실보 지음.
* 영서 일점(靈犀一點) 사람의 마음이 서로 통함을 이름.

을 알고 나 있는 집을 아는 터에 나를 찾아오지 못하는 것은 부끄러운 태도 많은 계집의 본색이렷다."

하면서 헛바늘이 돋아서 아니 먹으려던 담배를 다시 먹으려고 담배 서랍을 열더니, 녹녹하게 축인 서초 한 대를 뚝 떼어서 은수복 놓은 긴 담뱃대를 집어 들고 막 담으려다가, 창 밖에서 사람의 발자취 소리가 나는 듯 나는 듯한 것을 듣고, 손에 들었던 담배를 서랍에 얼른 집어 넣고, 담뱃대는 한편에 슬쩍 치워 놓고 방바닥에 펼쳐 놓인 〈서상기〉는 책상 옆에서 책장 위로 정제히 놓고, 가방에 넣인 향수를 꺼내더니, 옷깃에도 들어 붓고 얼굴에도 바르고 머리 위에도 홀홀 뿌리고, 손수건에도 들어 붓더니 향수병은 집어 넣고, 금강석 물부리에 여송연 한 개를 끼어 붙여 물고 정제히 앉았는데 창 밖에 인기척이 뚝 끊어지고 아무 소식이 없는지라. 서일순이가 의심이 나서 혼자말이라.

"사람의 발자취 소리런가? 바람에 놀란 나뭇잎이 땅에 굴러다니는 소리런가? 사람인가? 바람인가? 만일 사람이면 정녕 옥련이지! 밤중에 나를 찾아오느라고 나비 잡으려는 걸음같이 가만 가만히 걸어올 사람이야 옥련 이외에 누가 있나? 나를 다시없이 생각하고, 다시없이 부끄러워하는 사람이 나를 찾아오는 걸음걸이라, 내가 그런 것은 용하게 알지. 어찌 생각하면 옥련이가 나를 찾아오기가 썩 어려운 일이라, 나설 리가 만무할 듯하나 꼭 그렇지 아니한 일이 있지. 내게 돌던지던 마음에 여기를 못 와? 옥련이는 개화한 사람이라 출입을 마음대로 하는 터에 내게를 못 와? 그러나 오늘 밤에는 아마 옥련이가 아니 들어오고, 도로 갈 리가 있나? 아니, 그것도 또 모르지. 내가 혼자 군소리 하는 것을 듣고 누가 있는 줄로 알고 도로 갔나? 대체 오기만 왔으면 그렇게 쉽게 갈 리가 없지. 손님이 온 줄 알고 손 가기를 기다리느라고 어디서 숨은 것이구."

하면서 미닫이를 연다.

미닫이 밖에는 위아래 고리를 걸은 덧문이 있는데, 그 덧문 닫힌 밖에 웬 사람 하나가 섰다가 달아나는 신 소리가 난다.

급히 먹는 밥이 목이 메이듯이, 서씨가 미닫이를 너무 급히 열다가 마가 드느라고 아래를 치면 위가 걸리고, 위를 치면 아래가 걸리는데 미닫이 두 짝이 서로 의논을 한 듯이 이짝을 열려 하여도 그 모양이요, 저짝을 열려 하여도 그 모양이라. 손으로 미닫이를 차는 소리가 툭탁 툭탁하다가 미닫이가 드윽 열리매 문고리를 벗기며 덧문을 열어 젖히고 내다보니, 적적한 밤 밝은 달이 마당에 가득한데, 무너진 담 아래 이슬에 젖은 국화가 바람없이 흔들리는데 사람은 보이지 아니하고 이웃집 개만 콩콩 짖는다.

서씨 마음에, 옥련이가 왔다가 부끄러워서 못 들어오고 달아난 줄로 알고, 버선바닥으로 뛰어나가서 까투리를 쫓아가는 장끼의 걸음같이 쫓아가다가, 무너진 담 위에 사람 넘어 다니는 길 난 곳에 썩 올라서니 담 아래는 한길인데, 사람 하나가 담 모퉁이에 숨어 섰다가,

"이문이 어디 가나?"

하며 허허 웃는데, 돌아다보니 주인 최여정이라.

본래 서씨의 말을 엿듣던 사람은 최여정인데, 그 말이 재미가 있어서 엿들은 것이 아니요, 그런 말은 들어 두면 기화로 이용할 일이 있는 고로 엿들은 터이라.

세상에 알기 쉬운 듯하고 알 수 없는 것은 사람의 마음이라. 그러한 비밀장을 남에게 낱낱이 드러내 보인 사람은 서일순이요, 본 사람은 최여정이라.

서씨는 낙망한 일이 있어 화증이 나는 중에 부끄러운 마음을 이기지 못하여 최씨를 대면도 하기 싫은 생각이 나는데, 자기가 혼자 군소리한 것은 얼른 일이나 최씨가 발자취 소리없이 남의 말을 엿듣는 것은, 하는 짓이 밉살스러운 일이라. 그 날 밤 내로 그 집을 떠나고 싶은 생각이

있으나 성을 내고 떠나면 남에게 한 가지 웃음밧탈*이 더 될 터이요, 웃는 낯으로 떠나려 하면 주인이 만류할 터이라. 어찌하면 좋을지 생각하느라고 말없이 섰는데, 최씨가 허허 웃으면서 서씨의 손목을 끌고 방으로 들어가자 하니, 서씨가 정신없이 하는 말이,

"망할 놈, 네가 온 줄을 내가 모르고 그리할 듯하냐? 내가 너 들어 보라고 한 말이다."

하며 허허 웃고 방으로 들어가서 두 사람이 마주 앉으며, 최씨는 서씨의 얼굴을 쳐다보고 서씨는 최씨의 얼굴을 쳐다보다가, 두 사람의 눈이 마주치며 최씨는 빙긋 웃고 서씨는 홀연히 얼굴이 벌개지며 고개를 책상 옆으로 돌려서 무엇을 찾는 모양 같더니, 금띠 띤 여송연 한 개를 집어서 최씨 앞에 쑥 내밀며,

"옛다, 이것 하나 먹어 보아라. 네가 이런 것을 어디서 구경이나 얻어하였느냐."

최씨가 여송연을 받아들고 이리저리 보며,

"주는 것은 고맙다. 그러나 사람을 업신여겨도 분수가 있지. 내가 이런 것을 먹기는 처음이나, 설마 구경이야 못하였겠느냐."

서일순 "주제넘은 놈, 네 행세와 네 교제에 여송연 먹는 친구가 다 있단 말이냐?"

최여정 "친구는 있든지 없든지 여송연만 구경하였으면 고만이지. 구월 구일에 구완서의 장인 환영회 할 때에는 여송연 물고 앉은 사람이 적어도 이십 명은 되겠더라."

서씨가 얼굴빛이 변하며,

"응. 구완서의 장인이 누구란 말인가?"

최여정 "김관일이를 몰라?"

---

* 웃음밧탈 우스갯거리.

서일순 "그 딸이 또 있나?"

최여정 "아니, 옥련이가 무남 독녀지."

서일순 "그러면 구완서의 장인이라니."

최여정 "옥련의 남편이 구완서인 줄 모르나?"

서일순 "계집아이가 남편이 있을 수가 있나?"

최여정 "말이 계집아이지, 구완서의 부인이야. 그러나 아직 성례만 아니 하였지."

서일순 "응, 별 우스운 소리를 다 들어 보겠네. 성례 아니 한 내외가 어디 있단 말인가? 아마 옥련이가 어디 혼인 정한 곳이 있는 것이로구."

최여정 "그렇지. 혼인을 정하기만 하였다고 말하더라도 말이 되고, 또 옥련이는 구완서의 부인이라고 말하더라도 말이 되지. 가령, 옥련이가 죽으면 구완서가 수절할 리는 없으나, 만일 구완서가 지금 죽으면 옥련이가 정녕 수절할걸."

서일순 "가령, 혼인을 정하였다가 신랑될 사람이 죽었는데 그 정혼한 색시가 수절하는 미친 년이 있단 말인가?"

최여정 "상전이 벽해가 되더라도* 구완서와 옥련의 혼인 언약 맺은 것이 변할 리가 없은즉, 옥련의 마음에는 제 몸이 구가의 집사람이 된 줄로 알고 있는걸……."

하면서 서씨 얼굴을 흘끗 본다.

서씨는 최씨의 말을 들어 볼수록 가슴이 답답증만 생긴다.

구완서와 옥련이의 혼인 언약 맺은 것도 처음 듣는 말이요, 상전이 벽해가 되더라도 그 혼인 파약될 리는 만무하다는 말은 깜짝 놀랄 일이요, 옥련의 마음에는 제 몸이 구씨 집 사람이 된 줄로 알고 있다는 말과, 구완서가 지금 죽더라도 옥련이가 수절할 사람이라 하는 말은 기가

---

* 상전(桑田)이 벽해(碧海)가 되다 뽕나무 밭이 변하여 푸른 바다가 된다는 뜻.

막힐 일이라.

옥련의 마음에 그러할진대, 나는 헛애를 쓰는 사람이라고 몹쓸 원수의 년의 계집아이가 얄밉기가 한량 없으나, 그러나 그러할수록 생각은 더욱 간절하여 이 몸이 구완서가 되지 못한 것만 한이 된다.

그러한 생각을 하느라고 참선하는 중같이 눈을 감고 가만히 앉았다.

최여정 "이문이, 이문이. 곤하거든 자리 펴고 드러누워 자게. 내가 너무 오래 있어서 자네가 잠 밑지겠네."

서씨가 눈을 번쩍 뜨며,

"아직 초저녁인데, 지금부터 자는 사람이 있단 말인가? 더 앉아 무슨 재미있는 말이나 하다 가게."

최여정 "나는 이렇게 일찍 자는 사람은 아니지마는, 자네가 아주 곤한 모양이야. 할 말이 있으면 내일은 못 하나?"

서일순 "내가 눈을 좀 감고 앉았더니 졸려서 눈을 감은 줄 알았나? 현기증이 잠깐 나서……."

최여정 "그 증이 본래 있던가?"

서일순 "큰일에 잠 못 자는 증이 생기더니 그 후로부터 현기증이 생겨……."

최여정 "잠 못 자는 증이 생겨……그것 중증일세."

서일순 "중증이고 경증이고 겁나는 것은 없지마는, 하루 이틀 아니고 밤 보내기가 좀 어렵거든. 어느 친구가 와서 무슨 말이나 할 때는 심상치 아니하나, 밤은 길고 잠은 아니 오는데 혼자 있으면 썩 심심하여, 오늘 밤에는 자네가 학질 붙들리듯이 내게 잘 붙들렸네. 술이나 사다 먹으며 이야기나 하세."

하더니 행랑에 있는 사람을 불러서 술을 사오라 지휘하고,

서일순 "오늘 밤에는 친구도 있고 술도 있고, 밤 잘 보내겠네."

최여정 "사람이 잠을 못 자고 살 수 있나? 그래 조금도 못 잔단 말인

가?"

서일순 "밤을 꼬박 새지는 아니하나, 속이 조하고 번열증이 나기 시작하면 샛별이 올라올 때까지 잠 못 들 때가 많이 있어."

최여정 "진작 의원이나 보고 약이나 먹어 보지."

서일순 "의원, 의원, 의원이 어디 있어야지."

최여정 "꿩 잡는 것이 매라고, 병 고치는 것이 의원이지."

서일순 "그는 그렇지. 그러나 병도 병 나름이지. 병을 낱낱이 고칠 것 같으면 쇳소리가 나게 효험이 나는 것이라."

최여정 "여러 말 할 것 없이 단방 약* 한 첩 먹어 보려나?"

서씨가 고개를 수그리고 잠깐 말없이 앉았다가 고개를 번쩍 들며,

"응, 단방이나 쓴방이나 약만 될 것 같으면 먹지."

최여정 "약은 신약이라, 더 말할 것 없지마는 돈이 썩 많이 들어."

서씨가 씽긋 웃으면서,

"돈이 너무 많이 들 것 같으면 나같이 가난한 사람이야 생의할 수 있나? 그러나 꼭 효험만 있을 줄 알면 십만 원까지는 아끼지 아니하지."

최여정이가 서일순의 어깨를 탁 치며,

"아따 그놈, 사나이로구나. 보짱 크게 십만 원……. 허리에 십만 원을 띠고 학 타고 양주로 올라가려느냐? 오냐, 걱정 마라. 돈이 있으면 두억시니*라도 섬길 터요, 돈이 있으면 하늘에 있는 별도 딸 터이라. 평양 성내에 있는 옥련이 하나를 돌려 내기가 그리 어렵단 말이냐."

하며 허허 웃으니, 서일순이가 얼굴이 벌개지고 입이 떡 벌어지며 또한 허허 웃는데, 창 밖의 마루 끝에 술상 내려놓는 소리가 들리거늘, 서씨가 최씨를 보며 손짓을 슬슬하니 최씨 입에서 나오던 긴요한 말이 뚝

---

* 단방 약 더없이 효력이 좋은 약.
* 두억시니 모질고 악한 귀신의 하나.

끊어졌다.

술상 들여 놓는 사람은 최씨 집 행랑에 있는 더부살이 계집이라. 나이 이십사오 세쯤 되고, 키는 자그마하고 얼굴은 둥글고 두 볼은 밤볼지고 눈은 옴팡눈이요, 이마는 숙붙고 살결은 이상히 흰데, 웃는 얼굴은 사랑스러우나 성이 나서 빼쭉할 때는 눈은 암상이 닥지닥지한 계집이라.

술 사러 보낼 때는 해해 웃는 낯으로 대답하고 가던 것이, 술상을 가지고 들어올 때는 암상이 닥지닥지한 눈으로 서씨를 힐끗 보더니, 서씨의 턱 밑에 바싹 들어와서 술상을 콕 부딪는 듯이 놓고, 치마꼬리에서 바람이 나도록 휙 돌아가는데, 서씨가 눈살을 잠깐 찌푸리다가 다시 천연한 기색으로 그 계집을 부르더니 십원 지폐 한 장을 건네 주며, 세상에 다시 없는 큰 행하나 하여 주는 듯이 말을 떠벌이는데, 그 계집은 문앞에 서서 고개만 돌이키고, 서씨 얼굴을 뚫어지듯 보다가 문을 열고 나가며 혼자말로,

"누가 품삯 팔아먹으려고 이런 심부름을 하나? 팔자 사나운 년이 병신 같은 서방을 얻어 만나서 제 집 한 칸 없고, 남의 집 행랑에 들어 있으니 밤중에 누워 자는 년을 일으켜서 술을 사오라든지 별을 따오라든지 시키는 말은 다할 터인데 돈은 왜 주어? 서방님이 이 댁 사랑에 와서 계신 지가 두 달이나 석 달이나 되도록 내가 밤낮없이 심부름만 하였으나 돈을 바라고 심부름을 한 개딸년 없지. 소문에, 평양성내에 있는 옥련이를 돌려 내려고 돈을 십만 원이나 쓴다 하니 어떤 선녀 같은 계집인구, 내일 좀 찾아가서 보고 그 집에 치하 좀 하고 올 터이야."

하는 소리가 방에 들리도록 하더니 말소리도 끊어지고 발자취 소리도 없는데, 방에 있는 최씨와 서씨 또한 말없이 앉았다.

본래 그 계집의 별명은 하늘밥 도둑인데, 그 별명 지은 뜻은, 가령 하느님이 밥상을 받았더라도 앙큼한 마음에 훔쳐 먹으려 드는 계집이란

말이라.

그렇게 욕심 많은 계집이 전생의 무슨 연분으로 그런 서방을 얻어 만났던지 얼굴은 검고 누르고, 살은 문둥이같이 푸석 살이 찌고, 미련하기는 곰 같고. 게으르기는 굼벵이 같은데, 낮잠이 들면 하루 종일 자더라도 남이 깨워 주기 전에는 잘 일어나지 아니하는 자라.

그런 고로 제 계집 하나 먹여 살릴 힘이 없을 뿐 아니라 제 몸뚱이 하나 먹고 살 재주 없는 위인인데, 그 계집만 없으면 벌써 바가지 차고 물방앗간으로 갔을 것이라. 그 계집은 인물이 어여쁘다 할 수는 없으나, 누가 보든지 면추는 한 계집이라 하는 터인데, 대체 얼굴은 보면 예사 사람이나 마음은 예사 사람이 아니라.

서일순이가 최씨 집에 와서 있는 후로 새로이 욕심이 늘어서 일심 전력으로 서씨 눈에 들려고 애를 쓰는데, 서씨의 마음이 어찌 단단하던지 그 계집이 요악을 부릴수록 밉게 보나, 그러나 주인 최씨 집에 부리는 종이 없고 최씨의 부인이 손수 조석밥을 지어 먹는 고로 사랑에 있는 서씨의 밥상은 행랑에 있는 계집이 들고 다니는 터요, 또 서씨가 물 한 그릇을 떠오라든지 술 한 잔을 사오라든지 하루 종일 허다한 심부름을 다 그 계집이 하여 주되, 시키는 심부름 외에 속이 시원하게 하여 주는 일이 허다한지라. 서씨가 종종 돈냥씩이나 주지마는 그 계집의 욕심이 그만 돈을 바라는 것이 아니요, 장가도 아니 든 서씨를 잘 호리면 아내는 못 되더라도 첩은 될 줄로 알고 있는데, 그 본서방은 조만간에 내버릴 터이나 불쌍한 생각이 있어서 제가 잘 되거든 돈이나 좀 얻어 주고 버리려는 작정이라.

그렇게 경영하고 있는 중에, 그 날 밤에 술상을 가지고 오다가, 최씨와 서씨가 하는 말소리를 듣고, 혹 제 말이나 들어 보려고 문 밖에 가만히 서서 들은즉, 마침 십만 원이니 얼마니 하는 돈 말이 나며 최씨의 말에, 돈이 있으면 두억시니도 섬기느니 별이라도 따느니 하더니, 그 끝

엣말은 평양 성내에 있는 옥련이 하나를 돌려 내느니, 못 돌려 내느니 하는 소리를 듣고, 그 계집이 새암이 나고 암상이 나서 머리 위에 이고 섰던 술상을 암상김에 내려놓은 터이라.

최씨는 한 집 안에 있으면서 그러한 사정을 까맣게 모르던 터이라, 그 날 밤에 그 계집의 동정을 보고 또 그 말을 들어 본즉 무슨 층절*이 어떻게 있었던지 서씨에게 원망을 꼭 맺은 것 같은지라. 만일 그 계집의 마음을 가라앉히지 못하면 서씨도 서씨거니와, 평양 바닥에서 나까지 망신을 하겠다 싶은 염려가 생겨서 서씨에게 무슨 의논을 하려 한즉, 서씨가 손짓을 하며 말을 못 하게 하고 술 한 잔을 가득히 쳐서 최씨에게 권한다.

최씨가 싱긋싱긋 웃으며 술잔을 받아서 얼른 마시고 잔을 서씨에게 돌려 보내더니, 술 한 잔을 따라 주고 선뜻 일어나서 문을 열고 나가려 하니, 서씨가 최씨의 옷을 붙들고 못 나가게 하거늘, 최씨가 손짓을 하며 붙들지 말라는 눈치를 보이고 슬쩍 뿌리치고 썩 나서더니,

"거 누구냐?"

소리를 한다. 하늘밥 도둑은 또 무슨 말을 엿들으려는지 창 밖에 꼭 붙어 섰다가 대답도 아니 하고 뒤곁으로 살짝 돌아간다.

최씨가 방문을 열고 서씨를 들여다보며 가만히 하는 말이,

"두말 말고 빌어라. 귀신도 빌면 듣느니라. 그러나 잘못 빌면 동토 난다."

하더니 문을 툭 닫고 버선발로 가만히 내려가서 발자취 소리 없이 뒤곁으로 돌아가다가 솔개가 병아리 채듯 하늘밥 도둑을 붙들었더라.

하늘밥 도둑 "에그, 망측하여라. 왜 여기까지 쫓아와서 붙드으세요?"

최여정 "응, 자네런가? 나는 나를 찾아온 사람으로 알고 쫓아왔더니

---

* **층절**(層節) 일의 많은 사단이나 곡절.

서 서방님 찾아온 사람이로구."

하늘밥 도둑 "어떤 빌어먹을 년이 서 서방님을 찾아와요? 남의 유부녀더러 별 애매한 말씀을 함부로 하시네."

최여정 "말은 좀 잘못된 말이야. 그러나 아무도 없는 터에 무슨 말을 하였기로 관계 있나? 뺨을 맞더라도 할 말은 다하지, 왜 창 밖에 가만히 섰다가 나를 보더니 뒤꼍으로 도망을 하여? 내가 없었더라면 사랑에 들어와서 서 서방님과 재미있게 놀았을 터인데 참 불안한 일일세. 자, 어서 방으로 들어가게. 나는 술 한 잔만 더 먹고 가겠네."

하며 그 계집의 팔을 끄니,

하늘밥 도둑 "놓고 말씀하세요. 망측하게 왜 남의 팔을 끄세요?"

최여정 "나 같은 사람이 자네를 끌고 어디로 가든지 의심은 말게, 나는 부처님 같은 마음일세."

하늘밥 도둑 "하하하, 나는 부처님이 무엇인지 몰랐더니 서방님같이 착한 양반이 부처님이로구. 옥련인지 금련인지 돌려 내서 서 서방님께 중매들려는 부처님, 갸륵하신 부처님, 남의 좋은 일 잘하시는 부처님, 젊은 친구를 꾀어서 돈을 십만 원씩이나 쓰이고, 계집 붙여 주는 부처님, 부처님이라지 말고 붙여 주는 님이라 하였으면 더 좋지. 내가 일부러 평양 일경으로 돌아다니며 홀아비와 과부와 총각과 처녀를 만나는 대로 이 절 부처님 앞에 와서 불공만 잘하고, 불 붙여 주시도록 빌라고 일러 줄 터이야."

최여정 "허허허, 옳지 그럴 일이지, 그러나 남 권할 것 없이 자네 먼저 불공만 잘하여 보게, 어떤 부처님은 후생에 연화 세계로 가느니, 극락 세계로 가느니 그런 믿음성 없는 소리를 하나? 여기서 이 부처님은 거짓말 한 마디 아니 할 터이니 두말 말고 이 부처님께 불공만 잘하게. 내일부터 수가 뭉청뭉청 나리. 미륵님이 살찌고 못 찌기는 석수장이놈의 솜씨에 달렸다고, 자네 한 몸 수 나고 못 나기는 내 솜

씨에 달렸지."

귀신의 귀에 떡소리 한 것같이 하늘밥 도둑의 귀에 그런 말소리가 들어가면 비위가 버썩 동하여 최씨에게 진정의 말을 다하면 남부끄러운 일도 많을 터이라, 차라리 불언중에 내 설운 사정을 좀 알게 하여 볼까 하는 생각이 나서, 고개를 숙이고 홀짝홀짝 운다.

최여정 "울면 될 일도 아니 되네. 두말 말고 내 말만 듣게. 참 별수가 나리."

하늘밥 도둑 "만만한 사람을 놀리느라고 하는 말씀이지, 무슨 수가 그렇게 쉽게 나오?"

최씨가 그 계집의 어깨를 뚝뚝 뚜드리며,

"치마 입은 호걸이요, 머리 쪽찐 간웅이라. 아무 때든지 큰 기침 한번 할 터이니 걱정 말게."

하늘밥 도둑이 호걸이란 말은 알아들었으나 간웅이란 말을 몰라서 궁금증이 나서 아니 나는 성을 내고,

"무식한 년더러 문자를 써서 말하는 것은 사람을 놀림감으로 여기시는 일이라. 무슨 말씀을 하시든지 믿을 수가 있나?"

최여정 "참 잘하는 말이로구. 알아듣기 쉬운 말로 속이 시원하도록 얼른 말할 터이니 자세 들어 보게. 지금 내 집에 와서 있는 서 서방은 돈이 자개사리 끓듯 하고 얼굴이 관옥 같고 재조가 표일한데*, 나이 스물한 살 먹은 사람이 소치는 썩 있으나 점잖기는 다시 없던 사람이라, 큰 사업을 할 인재로 알았더니 망꽤가 드느라고 어떠한 계집아이 하나를 보고 건으로 미칠 지경인데, 그 사람이 오래 살지를 못하든지 재산을 없애고 패가를 하든지 두 가지 중에 한 가지는 면치 못할 터이라. 서 서방님이 패가하는 통에 자네 부자 좀 되어 보게."

---

* 표일(飄逸)하다 뛰어나게 훌륭하다.

하늘밥 도둑 "남이 패가하기로 내가 부자될 까닭이 있습니까?"

최여정 "응, 그 재물은 갈 곳 없지. 자네 손에로 다 들어갈 터이라. 오늘 밤 내로 속이 시원하게 알 일이 있으니 사랑방으로 들어가세."

하늘밥 도둑 "……."

최여정 "여기서 여러 말 할 것 없이 방에로 들어가세."

하늘밥 도둑 "좀 생각하여 보고."

최여정 "무엇을 생각하여 보아?"

하늘밥 도둑 "서방님 마음을 알 수가 없어서 좀 생각하여 보고 들어간다는 말이올시다."

최여정 "좀 생각하여 보면 남의 마음을 알까?"

하늘밥 도둑 "글쎄 암만 생각하여도 알 수는 없고 의심만 점점 더 납니다."

최여정 "내가 사람은 변변치 못하나 남에게 의심을 받은 일은 없더니……."

하늘밥 도둑 "황송한 말씀이올시다."

최여정 "황송인지 청송인지, 그런 거북한 말 하지 말고 의심나는 일이 있거든 말을 하게."

하늘밥 도둑 "상년이 양반 앞에서 말을 함부로 하고 죄는 아니 당할는지요."

최여정 "이 사람, 밤 다 가네. 긴한 말만 얼른 하고 방에로 들어가세."

하늘밥 도둑 "내 입에서 말이 나오면, 서방님 귀에 거슬리는 말이 많이 나올 듯하니 말하기도 썩 어렵습니다."

최여정 "그렇게 어려운 말은 두었다가 하고, 방에로 들어가세."

하늘밥 도둑 "하하하. 말씀하리다. 무식한 계집이 무엇을 알겠습니까마는, 주인 서방님과 서 서방님과 두 분이 평일에 지내시는 것을 본즉 참 정든 친구라. 주인 서방님이 돈이 없어서 애를 쓰시는 듯하면 돈을 드리고, 빚에 졸려서 걱정이 되는 듯하면 빚을 갚아 드리는 사람은 사랑에 계신 서 서방님이라. 그만하여도 이 댁에서는 서 서방님을 은인으로 알 터인데 그 외에도 고맙게 구는 일이 허다하건마는, 주인 서방님은 오히려 다 모르시지요. 서 서방님이 이 댁에 처음 오셨을 때에, 나더러 조용히 하는 말이, '이 댁에서 지내기가 어려운 터에 내가 사랑에서 숙식을 하고 있으니 이 댁 아씨께서 없는 세간살이에 손 대접을 하시느라고 오죽 애를 쓰시겠나? 내가 주인 서방님께 돈냥씩이나 드리기로 가난한 양반이 돈을 보면 마른 논에 물잣듯 하는지라, 어찌 그 돈으로 손 대접만 할 수가 있나. 아낙*에게 무엇이 없어서 아씨께서 애를 쓰시는지 자네는 알 터이니 아는 대로 내게 귀띔만 하여 주게.' 하시는 고로, 내가 그런 심부름을 하느라고 서 서방님께 돈을 받아서 물건을 사다가 아낙에 드리기도 여러 번이라. 그러나 아씨는 번번이 걱정하시는 말이, 에그, 이 사람, 자네가 또 무슨 말을 한 것일세그려. 사랑에 계신 서 서방님이 안에서 양식이 떨어졌는지, 나무가 없는지 어찌 알고 돈을 들여보내신단 말인가? 그러나 댁 서방님이 알으시면 내가 자네를 시켜서 손님 앞에 가서 우는 소리를 하고 돈을 들여보내도록 한 줄로 알으시고 걱정을 오죽 하시겠나.' 하시며 주인 서방님 알으실까 염려하는 아씨 마음도 그러할 일이라. 무엇을 주어서 싫다는 사람이 어디 있으며, 남의 것을 받고 고마운 줄 모르는 사람이 어디 있겠소. 남에게 무엇을 받을 때에 천진*으로 받든지 꿋꿋한 체하고 체머리를 설설 흔들며 사양을 하고 받든지, 뒷손을 버티고 받든지, 눈을 감고 받든지 마음이 물건에 팔리기는 일반이라. 서 서방님이 주인 서방님께 돈을 드리면, 주인 서방님은 입이 떡 벌어지며 고마우니, 받기가 염치가 없느니, 은혜를 갚을

---

* 아낙 부녀자를 이르는 말.
* 천진(天眞) 참된 마음.

수가 없느니 하며, 헌말을 거푸거푸 하는 것이, 서 서방님을 위하여 죽을 일이 있으면 울어서 그 은혜를 갚을 듯한 모양이었습니다. 그러나 서 서방님이 나를 시켜서 아낙에로 돈냥이나 들여보내는 것을 주인 서방님이 알으시면 번연히 걱정을 하시니 서방님도 딱한 말씀이지, 아씨께 돈은 갖다 드리지 아니하고 손님 대접 잘 하라는 말만 하시고, 손님이 돈냥을 들여보내든지, 물종을 사서 들여보내든지 그런 것을 보시면 아씨가 구걸이나 한 것같이 걱정하시는 그 뜻을 내가 알아요. 잣단 신세를 많이 지면 큰 돈 얻어먹을 때 방해될 듯하여 그리하시지요. 내가 아낙에게 듣고 보는 일을 서 서방님에 낱낱이 이야기하는 눈치를 주인 서방님이 알으시고 그런 말을 전하도록 일부러 걱정을 더 하시지요. 하하하하하, 어떠하든지 이 댁 서방님 내외분은 서 서방님 한 분을 조상같이 위하시고."

최여정 "……."

하늘밥 도둑 "하하하하. 동생같이 사랑하시는 터에 만일 서 서방님이 이 댁을 떠나가시면 어떡하실 겁니까? 기어나가는 줄로 알으실걸. 나는 어디서 떠들어온 계집으로, 댁 행랑 한 칸을 얻어 들어 있는 사람이라, 서방님이 내게 무슨 깊은 정이 있어서 은인으로 알던 서 서방님의 재물을 내 손에 들어오도록 하여 줄 듯이 말씀하시는 것이 웬일이오니까? 그래 서 서방님을 둘러세고 내게 통정을 하시면 내가 곧이듣겠소?"

최씨가 그 말을 듣고 입을 딱 벌리고 혀를 회회 두르더니 그 계집의 어깨를 탁 치며,

"이 몹쓸 사람. 남의 오장육부를 헤쳐 놓고 세상에 광고를 하려나? 바로 말이지, 내가 서 서방을 해롭게 하면 벼락을 맞을 사람이라. 서 서방님이 죽을 병이 들었는데 삼신산에 들어가서 불사약을 구할 재주는 자네밖에 없는 터이라. 약값은 십만 원이라도 받을 터이니 딴

욕심 내지 말고 십만 원 약조만 단단히 받고 서왕모의 복숭아 훔쳐내 듯 약만 구하여 오게. 자, 두말 말고 방에로 들어가서 오늘 밤 내로 의논을 정하세."

하더니 최씨는 앞에 서고 하늘밥 도둑은 뒤에 서서 사랑에로 들어간다.

누우면 잠 못들어 애쓰던 서일순이가 앉아서는 어찌 그리 잘 자던지 팔짱을 잔뜩 끼고 앉은 채로 책상 위에 푹 엎드려서 나비잠에 원앙꿈을 꾸었더라.

꿈에 장가를 드는데 처가는 평양 북문이요, 신부는 김관일의 딸 옥련이라.

서일순이가 관복 입고 사모 쓰고 목화 신고 기러기를 안고 신부집 안 마당 행보석*으로 걸어 들어가는데 걸음이 걸리지 아니하고 발을 떼어 놓을 수가 없어서 애를 무수히 쓰다가 홀지*에 다리가 거분하여지며 걸음이 성큼성큼 걸려서 초례청에 선뜻 올라설 즈음에, 누가 몸을 잡아 흔들며,

"이문이, 이문이."

부르는 소리에 깜짝 놀라 눈을 번쩍 떠서 보니, 단칸 사랑방에 석유등불 돋워 놓고 마주 앉은 사람은 주인 최여정과 이 집 행랑살이하는 계집이라.

서일순이가 기지개를 부드득 켜고 일어 앉아서 다시 술상을 대하니, 술은 서늘하게 식고 되지 못한 안줏점은 뻣뻣이 굳었는데, 화롯불을 이리저리 휘져서 술을 데우려 하니, 보얀 잿속에 반짝반짝하는 모닥불이 조금 있는데, 그 불기운에 술이 더울는지 술기운에 재가 더울는지, 술도 맛없이 먹을 모양이라. 서씨가 잠을 깨어서도 꿈을 꾸는지 꿈생각을 하고 있다.

＊ 행보석(行步席) 아주 귀한 손님이나 신랑, 신부를 맞을 때 마당에 까는 긴 돗자리.
＊ 홀지(忽地) 갑자기 되거나 변하는 판.

'꿈을 조금만 길게 꾸었더면 초례나 지냈을걸……. 술을 먹더라도 혼인 잔치에 즐거운 술을 먹었을걸……. 꿈만 못한 이 세상에 살아 있는 인생이 가련치 아니한가!'

그런 마음이 나면서 아무 경황이 없이 앉았는데, 최여정이는 보기도 싫은 더부살이 계집을 데리고 들어와서 큰 공이나 이룬 듯이 의기가 양양하여 익살을 피우는데, 경황은 없으나 그 말을 아니 들을 수 없는 사기라.

천지가 뒤집히는 듯한 전쟁을 그치고 구화 담판을 하더라도 결정될 때는 말 한 마디에 있는 것이라.

서씨의 손끝에서 황금이 펄펄 뛰어나오는 서슬에 최여정의 지혜 주머니가 톡톡 떨려 나오고 하늘밤 도둑의 욕심덩어리가 풀릴 대로 풀렸더라.

그 계집이 서씨와 남매를 맺었는데, 이름은 서숙자라 짓고, 그 동생 서일순의 장가들여 줄 의무를 졌으되, 서일순의 말에, 김관일의 딸 옥련이가 아니면 장가를 아니 든다 하는 어려운 문제라.

그러나 서숙자는 결사대같이 나서서 기어이 그 일 성공을 할 작정인데, 그 이튿날부터는 서숙자의 수중에서 지폐가 폴폴 날아나온다.

평양 성내에 웬 계집 하나이 있는데, 사람은 알뜰하나 팔자가 기박하여 자식 죽고 서방 죽고 집도 절도 없고, 있는 것은 밥 들어가는 입 하나뿐이라. 나이 오십여 세가 되었는데 의지할 곳이 없어 헌 누더기를 용문산에 안개 두르듯 하고 이리저리 떠돌아다니는지라.

서숙자가 그 소문을 듣고 그 계집을 찾아다니다가 어디서 만났던지 최여정 집 안방으로 데리고 오더니, 새 옷 한 벌을 입히고, 음식을 먹이고, 아주머니, 아주머니 하며 어찌 친절히 구는지, 그 계집의 일평생에 서숙자같이 고마운 사람은 처음 보는 터이라. 너무 고마우면 눈물이 나는지 눈물을 씻으며,

과부 "에그, 아씨같이 착하신 마음이 또 어디 있을꼬. 내가 팔자가 이렇게 된 후에 구복을 채울 수가 없어서 남의 집에 가서 일도 많이 하여 주고, 얻어먹기도 많이 하였으나, 늙은 것이 밥값을 하느니 못 하느니 하며 구박하는 사람만 보았더니, 아씨께서는 나를 처음 보는 터에 새 옷을 주시고 좋은 음식을 이렇게 많이 주시니, 이 음식을 먹고, 이 옷을 입고 아씨 은혜를 갚지 못하면……."

하면서 비죽비죽 운다.

서숙자 "여보, 나더러 아씨란 말은 마오. 내가 아씨 소리 들을 사람은 아니오. 옷 한 벌 드린 것이 무엇이 그리 끔찍한 것이라고 그렇게 치사를 하신단 말이오. 나도 고생을 많이 한 사람이라, 누구든지 고생하는 것을 보면 힘대로 도와 주고 싶은 마음이 있으나, 내 코가 석 자라고, 남을 도와 줄 힘이 없으니 빈 마음이야 쓸데 있소?"

과부 "이 외에 어찌 더 도와 주시기를 바라겠습니까?"

서숙자 "저렇게 고생하지 말고 늙은 영감이나 얻어 가시지요."

과부 "에구, 꿈 같은 말씀도 하시오. 요새 세상에 인물 똑똑하고 나이 젊은 계집도 데려가는 사람이 없어서 고생하는 것이 많은데, 나같이 늙은 비렁뱅이를 누가 밥이나 치우려고 데려가오?"

서숙자 "내 말만 들으면, 늙은 영감 하나와 논 두 섬지기가 생기지."

과부 "아씨가 죽으라시면 죽고, 살라시면 살 터인데, 무슨 말을 아니 듣겠습니까?"

서숙자 "그런 말은 다 농담이니 차차 두고 봅시다. 그러나 어디 가면 별 수 있소? 이 댁에서 심부름이나 하고 주인 아씨 수고나 털어 드리면 어떻겠소?"

그 계집이 부웅이 집*이나 만난 것같이 알고 달려붙는데 서숙자가

---

* 부웅이 집 부엉이 집. '부엉이 집을 얻었다.'는 횡재를 했음을 이르는 속담.

최씨 부인을 눈짓을 하고 부엌으로 내려가니, 최씨 부인이 따라나간다.

　서숙자 "여보 아씨, 우리 영감 장가들여서 어디로 보낼 터이니 방에 앉았는 마누라를 대접 좀 잘하여 주시오."

　부인 "그 마누라가 자네 영감의 마누라 될 사람인가?"

　서숙자 "……."

　부인 "자네 영감의 마누라 될 사람을 자네가 어련히 잘 대접할라고……."

　서숙자 "그는 그러하지요. 그러나 우리 영감을 도망질 시키는 사람은 주인 서방님이오. 만일 우리 영감이 도망질하다가 붙들리면 징역은 주인 서방님과 같이 할걸……."

　부인이 손을 설설 흔들며,

"이 사람, 가만가만히 말하게."

　서숙자가 다시 말없이 상긋 웃으며 문 밖으로 나가는데, 부인이 서숙자 나가는 뒷모양을 보고 또한 싱긋 웃다가 중문간에서 개짖는 소리 나는 것을 듣고 시치미를 떼고 방으로 들어간다.

　그 이듬해 음력 삼월 이십일은 서일순의 생일이라고 생일 잔치를 차려 놓고 집안 사람끼리만 모여 먹는다 하면서, 김관일의 내외와 그 딸 옥련이를 청하였더라.

　집안 식구라 하는 것은 최여정의 내외와 서숙자인데, 말이 집안 식구이지 서일순에게 형겊붙이도 아니 되는 사람이요, 김관일의 집 세 식구는 말이 남이지 서일순의 마음에, 이후에 김씨 집 혈손 전할 사람은 나라고 자기하는 터이라.

　그 때 서일순이가 조그마한 집 하나를 새로 지어서 피력하던 날이 그 날인데, 생일이란 말은 빨간 거짓말이요, 실상은 집 지은 낙성식이라.

　대체 헛생일을 쉬든지 참 낙성연을 하든지 김관일의 집 사람 세 식구를 청하려는 목적이라.

손님 청한 시간은 오후 세 시인데, 시간 잘 지키는 김관일이가 자기 집에서 두 시 삼십 분에 떠나서, 서일순의 집에 다다르니 세 시 오 분 전이라.

서일순이가 마당에 내려서서 김씨 일행을 영접하는데 평일에 개화 잘한 체하기로 유명하던 위인이 김관일과 옥련의 앞에서 조심을 어찌 대단히 하던지, 김관일이가 손을 내밀어도 모르고 어리둥절하다가 왼편손을 쑥 내미니, 옆에 섰던 옥련이가 상긋 웃다가 서일순의 눈과 마주쳐서, 옥련이는 시치미를 떼고 고개를 수그리고, 서씨는 얼굴에 붉은 조수가 올라오는 것 같다.

김씨 뒤에는 최씨 부인이라, 부인이 서일순이를 보고 친자질이나 만나 보는 듯이 반겨 인사하는데, 서씨가 홀지에 그렇게 인사가 늘었던지 가장 인사에 익달한 체하고 부인에게 실례되는 줄도 모르고 먼저 손을 쑥 내밀며 성난 게가 엄지발로 무엇을 집으려는 것같이 부인의 손목을 붙들려는데, 부인은 평생에 남에게 손목 잡혀 보지 못하던 사람이라.

서씨가 손을 내미는 것을 보고 비슥비슥 비켜서니 눈치빠른 옥련이가 그 모양을 보고 어찌 민망하던지 서씨 앞으로 썩 나서며 서슴지 아니하고 서씨의 손을 잡고 다정히 인사한 후에 세 사람이 서씨를 따라 방으로 들어간다.

그 날 그 좌석에는, 웬 일가몰이를 하였던지 최여정이가 그 부인 김씨를 데리고 나오더니, 면면히 인사를 마친 후에 일가를 찾는데, 김관일의 부인의 성은 최씨요, 자기 마누라의 성은 김씨라, 자기는 김관일의 부인의 일가이요, 자기 마누라는 김관일의 일가라, 피차에 친정 일가를 만났다 하더니, 다시 서숙자를 가리키며 서일순의 일가라 하며 너름새를 부리는데, 깊은 규중에 들어앉아서 천진으로 세월을 보내던 부인들은 한 동생이나 사촌이나 생긴 듯이 반가운 마음도 나고 파겁*도

되고 구경하는 흥치도 생긴다.

그 중에 서숙자는 파겁을 너무 과히 한 것이 걱정이라 올챙이 개구리 되듯 작년 구월까지 남의 행랑 구석에 있던 사람이 어찌 그리 도두 뛰었는지* 서일순에게 누님누님 소리를 들으며, 가장 누이 노릇을 하느라고 서일순이더러, 이문이니 삼문이니 부르면서 명령하기가 일쑤라.

대체, 앙큼한 것은 병통이나 똑똑하기는 그만이요, 당돌한 것은 험절*이나 남에게 붙임새는 다시 없는 여편네라. 옥련이를 사귀려고 이리저리 끌고 다니며, 대포 연기가 무럭무럭 나는 구련성 함락하던 일러전쟁 사진 구경도 시키고, 울긋불긋한 새장 속에 길들여 혼자 노는 꾀꼬리도 구경시키다가 안 뒤꼍으로 데리고 들어간다.

공작의 꼬리치레한 듯, 그 집은 안 뒤꼍치레뿐이라. 그 집 전체를 볼진대, 안채가 열 칸이요, 사랑채가 다섯 칸이요, 행랑채가 세 칸이라. 불과 열여덟 칸쯤 되는 조그마한 집이나 안 뒤꼍으로 들어와 본즉, 훨쩍 넓은 터에 나무를 심었는데, 기화 요초*를 어디서 그렇게 모아들였던지 사람이 꽃 그늘 속으로 다니게 되었는데, 그 때 꽃이 한창이라.

새 소리 그윽하고, 벌의 노래 은은한데, 휘어진 꽃가지는 옥련의 곱게 빗은 머리털을 붙들고 쥐어 뜯어도 얼른 놓지 아니하는지라. 옥련이가 그것을 운치로 알고,

"에그, 이 꽃나무가 나와 무슨 연분이 있나, 왜 이렇게 붙드누."
하면서 서숙자의 뒤를 따라 꽃가지를 헤치고 꽃밭으로 들어가는데, 하얀 나비 한 마리가 옥련의 앞으로 슬쩍 지나서서 숙자의 머리 위로 훌쩍 넘어가며 나무 그늘 속으로 깊이 들어가는데, 그 앞에 나지막한 반송과 우뚝우뚝 선 벽오동 가지 틈으로 날아가는 듯한 초당*이 보인다.

---

* 파겁(破怯) 익숙하여져 부끄러움이나 두려움이 없는 것.
* 도두 뛰다 힘껏 높이 뛰다.
* 험절(險絶) 몹시 험함.
* 기화 요초(琪花瑤草) 아름답고 고운 꽃과 풀.

옥련이가 고향에 온 지가 반 년이 넘도록 평양 북문 안 길가의 게딱지 같은 집 속에서 먼지와 연기만 들이마시고 들어앉았다가 공기 좋고 운치 있는 정원에 들어와 본즉, 정신이 깨끗하고 부러운 마음이 있는지라. 서숙자를 따라서 초당 구경을 하러 들어간다.

네 귀 반짝 들린 처마 끝에 풍경 소리 댕그랑 나는데, 네모 반듯한 사 칸 집에 두 칸은 방이요, 두 칸은 마루다. 그 밖에는 조그마한 연못이 있고 연못가에는 두견화가 만발한데, 석양이 물 아래 벌건 꽃 그림자를 끌어다가 도배 하얗게 한 초당벽에 반조되었는데, 서숙자와 옥련이는 채색 구름 속에 앉은 것같이 전신에 은은한 붉은 기운이라.

옥련이가 무심히 하는 말이,

"이런 데 있으면, 세상 생각 다 잊어버리겠네. 이런 조용한 곳에서 공부 좀 하였으면……."

서숙자 "참말이오, 그 마음이 있거든 이 초당을 빌려 드리도록 주선할 터이니 여기 와서 계시오. 방이 두 칸이니 한 칸은 빌려 드리고, 한 칸은 내가 있을 터이오. 공부 잘 하시도록 심부름은 잘 하여 드리다. 나는 이 때까지 언문도 못 깨친 사람이니, 공부하시는 틈에라도 좀 가르쳐 주오."

옥련 "말이 그렇지 내가 어찌 여기 와 있겠소."

하며 상긋 웃으니 서숙자가 마주 상긋상긋 웃는데, 옥련의 웃음은 천진의 웃음이요, 숙자의 웃음은 의미가 깊은 웃음이라.

손은 오후 세 시에 청하고 요리는 다섯 시 반이나 된 후에 들어오며, 핑계는 옥련이가 꽃구경하고 들어오기를 기다리느라고 지체하였다 하나, 실상은 시간을 보내려고 서숙자가 옥련이를 데리고 나가서 구경을 시킨 것이라.

＊ 초당(草堂) 집의 원채에서 따로 떨어져 있는, 조그마한 집.

다섯 시 반에 들어온 교자상을, 일곱 시 반이 지나도록 치우지 아니하고 서씨와 최씨가 번갈아 들며 김씨에게 술을 권하되, 술 한 순배를 먹으려면 별 재미있는 잔소리가 많은데 청담*도 아니오, 취담도 아니오, 구석 비인 객담으로 다만 십 분, 이십 분이라도 지체되어 손님이 얼른 일어나지 못하게만 하는 터이라.

옥련의 모녀는 지리한 시간에 몸이 불편한 기색이 있거늘, 서숙자가 유성기*를 들여다가 기계를 틀어 놓으니, 김관일의 부인은 유성기를 처음 듣는 터이라, 사람이 요술을 하는지, 귀신이 그 속에 있는지, 이상하다, 신통하다, 재미있다 하면서 시간 가는 줄을 모르고 듣는지라. 부인은 부인끼리 유성기 앞에 모여 앉고, 남자는 남자끼리 술잔 앞에 모여 앉아서 흥이 도도한데, 창 밖에서 웬 사람의 기침 소리가 나거늘, 최여정이가 얼른 일어나서 문을 열고 나가 본즉, 자기 집 행랑에 들었던 허 첨지라.

최씨가 손짓을 하여 뒤꼍으로 데리고 들어가더니 마주 서서 수군한다.

최여정 "여보게 이 사람, 벌써 여덟 시나 되었는데 왜 소식이 없나?"

허 첨지 "아직 초저녁이라, 길에 사람이 많이 다니니 어찌할 수가 없습니다."

최여정 "부엌 뒤는 실골목이라, 낮에도 사람이 별로 없는데, 밤에 웬 사람이 그리 많단 말인가?"

허 첨지 "밤 들기 전에는 못하겠습니다."

최여정 "이 딱한 사람, 오늘이 스무날이니 미구*에 달이 돋을 터인데……."

---

* 청담(淸談) 맑고 고상한 이야기.
* 유성기(留聲機) 레코드에 홈으로 새겨진 음의 기록을 음파로서 재생하는 장치. 축음기.
* 미구(未久) 앞으로 오래지 않음.

허 첨지 "달이 밝더라도 밤만 깊으면 길에 사람이 없지요."

최여정 "밤이 들면 그 속에서 사람이 잘 터이니 위태하여 못 쓰네."

허 첨지 "그러면 어떻게 합니까?"

최여정 "이 못생긴 사람아, 내 말만 들으면 평생에 밥 굶지 아니하고, 늙은 마누라 손에 잘 얻어먹고 살 터인데……."

허 첨지 "젊은 계집 버리고 늙은 계집의 손에 얻어먹으면 덕 본다 할 것 무엇 있습니까?"

최여정 "또 못생긴 소리만 하는구. 먹고 사는 재물이 좋은가? 빌어먹더라도 젊은 계집만 있으면 좋은가? 만일 재물은 있든지 없든지 젊은 계집을 데리고 사는 것이 좋다 할 지경이면 돈 한 푼 아니 줄 터이니 서숙자만 데리고 어디 가서 살게."

허 첨지 "작년 구월부터 떨어진 계집이 다 제 집에 와서 살겠습니까?"

최여정 "자네 계집 노릇을 하고 아니 하는 것을 내가 아나? 시키는 대로 하지 아니하는 사람은 돈 한 푼 주고 싶지도 아니하고 빌어먹다가 논두덕을 베고 죽더라도 불쌍할 것 없어. 꼴 보기 싫으니 내 눈에 보이지 말고 어디로 가게."

허 첨지 "잘못하였습니다. 시키는 대로 할 터이니 먹고 살도록 도와 줍시오."

최여정 "허허허, 사람은 참 진실하여……. 저렇게 변치 아니하는 고로 내가 심복으로 알지. 두말 말고 오늘 밤에 시킨 일만 잘하고 오면, 오늘 밤 내로 약조한 논 문서와 별 상급으로 돈 이십 원을 줄 터이니 내일 새벽 떠나서 전라도 무주 무풍으로 들어가 살게. 자네 마누라는 그 논을 가래질 다 시켜 놓고 자네 가기만 기다리고 있을 터일세. 자, 어서 가서 맡은 일만 하게."

허 첨지가 아무 말 없이 주머니를 부스럭부스럭 주무르고 섰거늘,

최여정 "압다 이 사람, 왜 아니 가고 우두커니 섰나?"

허 첨지가 혼자말로,

"당성냥을 주머니에 넣었더니 어디로 갔나?"

하며 입맛을 쩍쩍 다시거늘, 최여정이가 기가 막히는지 허허 웃고 조끼를 만적만적하더니, 성냥 한 갑을 꺼내 주고 방으로 들어간다.

꾀 있는 사람의 위태한 일 하는 것은 앞뒤를 헤아리고 하지마는 미련한 허 첨지의 위태한 일 하는 것은 소경이 파밭에 들어가듯 하는데, 서일순의 집에서 나서는 길로 쏜살같이 북문 안에를 향하고 가면서 보뜰 논* 두 섬지기와 돈 이십 원에 욕심이 어찌 복받치던지 죽을지 살지 모르고 최여정의 시키는 일만 할 작정으로 김관일 집 뒤 좁은 골목으로 들어서며, 뒤에 사람이 있는지 앞에 사람이 오는지 살펴볼 생각도 없이 김관일의 집 부엌 뒤 처마 밑으로 가더니, 당황 한 개를 그어서 초가집 처마 끝을 그슬리고 섰는데, 썩은 새에 불이 얼른 붙지 아니하거늘, 다시 당황 여남은 개를 포개 쥐고 드윽 그어서 처마 끝에 지르고 도망질을 하는데, 겁이 어찌 나던지 최여정이와 약조한 논 문서와 돈은 잊어버리고, 주머니 속에 노자 한 푼 아니 든 생각도 아니 하고 그 날 밤 내로 전라도 무주를 대어갈 듯이 일어난다.

그 때 김관일이는 주인의 권하는 술을 고사하고 일어서니, 방에 있던 사람이 일제히 마루에 나와서 작별하는데, 마침 동편 하늘에는 스무날 달이 돌아올라오느라고 서기*가 뻗친 듯이 하늘이 불그스름하고, 북문 안에는 화광*이 은은한 중에 검은 연기가 묵거 치미는데,

"북문 안에 불났다!"

소리가 나며 한길에 사람이 물밀듯 북으로 달려간다.

---

* 보뜰 논 봇물이 닿는 좋은 논.
* 서기(瑞氣) 상서로운 기운.
* 화광(火光) 불빛.

김관일이가 단장으로 화광을 가리키며,

"저것이 우리 집이나 아닌가?"

최씨 부인 "초저녁잠 많은 장팔 어미가 잠자다가 석유등을 걷어차지 나 아니하였나?"

옥련 "만일 그러면 장팔 어멈이 타 죽지 아니하였을까? 집은 타더라 도 사람이나 상하지 아니하였으면."

최여정 "별 염려를 다 하십니다. 화광 보이는 곳은 여기서 지척이올 시다. 불난 곳에서 댁에 가려면, 거기서도 한참 가겠습니다."

서일순 "옳지, 여정이가 바루 보았네."

서숙자 "밤불은 가깝게 보이는 것이올시다. 궁금하니 우리가 여럿이 같이 가서 보았으면……."

서일순 "누님 말이 옳소. 여정이, 우리도 같이 가서 보면 좋겠네."

김관일이가 처음에 화광을 볼 때에 말이 우리 집이나 아닌가 하였으나, 화광이 어찌 가깝게 보이던지 실상은 자기 집 근처로 의심한 것은 아니러니, 서숙자의 말을 듣고 의심이 버썩 나서 앞에 서서 걸음을 급히 걷는데, 서일순이와 최여정이는 김씨를 따라 급히 가고, 서숙자는

최 부인과 옥련의 뒤를 따라가는데, 가서 본즉 김씨 집이라.

바싹 마른 봄 일기에 타기 쉬운 초가의 화재라, 좌우로 뻗어 나가는데 북문이 불야성이라.

평양 병참소에서 취군하는 나팔 소리가 일어나며 병정 한 초가 몰려 나오더니 물밀듯 모여드는 구경꾼을 불난 집 근처에 얼씬을 못하게 하고 비상선을 늘어놓더니 삽시간에 불을 끄는데 전체가 다 탄 집이 세 집이요, 반쯤 탄 집이 두 집이라.

집을 다 태웠든지 반쯤 태웠든지 화재 만난 사람들이 세간 그릇낱씩이나 구하였으나, 그 중에 김관일의 집에서는 어릿어릿하는 장팔 어미 혼자 집을 보고 있다가 위급한 판에 겨우 몸만 뛰어나간 터이라.

김씨가 그 부인과 옥련이를 데리고 비상선 밖에 서서 자기 집을 바라보니 검은 잿더미 위에 더운 증기만 무럭무럭 오르는지라. 세 식구가 모여서서 아무 생각 없이 탄식하는 소리뿐이라. 서일순이가 김씨 앞으로 바싹 다가서더니,

서일순 "걱정하시면 쓸데 있습니까. 새옹 득실*같이 화가 복이 될지 모를 일이올시다."

김관일 "사람을 위로하는 말이 그렇지. 유복한 사람이 이런 일이 있을 리가 있나?"

서일순 "그러나 오늘 밤에 댁에 계셨더면, 이런 일이 있더라도 즉시 사람이 정신을 살펴서 불을 잡았을는지도 알지 못하고, 설령 불을 잡지 못하더라도 세간은 꺼내었을 터인데, 공교히 오늘 제 집에서 청한 것이 잘못되었으니, 제 마음에는 모두 제 탓인 것 같습니다."

김관일 "그것은 무슨 괴상한 소리요. 화재 볼 수가 집에 있으면 면한단 말이오."

---

* 새옹 득실(塞翁得失) 한때의 이익이 장래의 손해가 되기도 하고, 한때의 화가 장래에 복을
  가져오기도 한다는 말.

서일순 "참 활발한 말씀이올시다. 우선 제 집으로 가셔서 정돈을 하시는 일이 좋겠습니다."

김관일 "고마운 말이오. 그러나 남에게 폐를 끼치기보다 내가 고생하는 일이 옳은 것이니, 오늘 밤에 장팔 어미를 데리고 장팔의 집에 가서 밤이나 지내고 차차 정신을 차려서 어떻게 하든지 조처하겠소."

하더니 다시 그 부인을 돌아보며,

"여보 마누라, 옥련이를 데리고 장팔 어미를 좀 찾아보오."

최여정이가 김씨 앞으로 다가서면서,

최여정 "장팔의 집으로 가실 생각이 있거든 차라리 내 집에로 오시는 것이 좋겠습니다. 장팔의 집에로 가신다는 말씀은 편한 것을 취하여 그리하시는 일인 듯하나 장팔의 집은 방 한 칸, 부엌 한 칸, 툇마루 한 칸, 합이 삼 간 집인데, 가령 장팔의 식구는 어디로 보내고 아직 그 집을 쓰신다 하더라도 당장에 용신할 수가 없습니다."

서일순이가 최여정이를 돌아보며,

서일순 "장팔의 집이 어디인가?"

최여정 "어제 우리가 꽃구경하러 나섰을 때에, 자네가 어느 산모퉁이에 앉아서 쉬던 곳이 있지?"

서일순 "……."

최여정 "그 앞에 까치집 지은 돌배나무 하나 섰지?"

서일순 "……."

최여정 "그 밑에 다 찌그러져 가는 삼간 초가가 장팔의 집이야."

서숙자가 그 말을 듣더니 옥련의 앞으로 바싹 다가서서 손목을 붙들며,

서숙자 "에그, 그런 집에 어찌 가서 계시겠소? 나와 같이 가서 아까 구경하시던 초당에 있습시다."

최씨 부인은 그런 소리를 듣다가 말없이 눈물을 씻는데, 김씨가 그

부인의 모양을 보더니 선웃음을 허허 웃으며,

"오막살이집 하나 불붙였기로 설마 못 살라구. 그러나 우리 세 식구가 빈 몸만 남은 사람이라, 오늘 밤에 어디로 가든지 남에게 폐를 아니 끼칠 수가 없으니 어디로 가든지 갑시다. 밤새도록 여기 섰을 수가 있소? 어디든지 남의 집은 일반이니 마누라 마음에는 뉘 집으로 가면 좋겠소? 나 한 몸 같으면 어느 친구의 집으로 가든지 내 생각나는 대로 할 터이나 온 집안 식구를 다 끌고 가는 터에 서로 의논이오."

최씨 부인은 어디로 가고 아니 가는 생각은 아니고, 불탄 것이 아까운 마음뿐이라.

'몸 담아 있을 집도 재가 되고, 몸 가릴 옷가지도 재가 되고, 손때 묻은 세간 그릇도 재가 되고, 우선 오늘 밤에 어디로 가든지 몸에 깔고 덮고 할 금침 하나 없고, 자고 일어나면 낫살 먹은 나는 어떠하든지나, 젊은 옥련이가 세수를 하고 얼굴은 입고 있는 치마폭에 씻을는지, 머리는 손가락으로 쓰다듬을는지, 먹고 살 걱정보다 눈앞에 아쉬운 것이 한두 가지가 아니라. 남편은 범연한 남자의 마음이라, 세세한 사정을 다 모를 터이요, 옥련이는 아이들이라 아무 물정을 모를 터이나, 일일이 걱정되는 사람은 나뿐이라.'

고 그런 생각하느라고 불탄 곳만 바라보고 섰다가 그 남편이 두세 번 묻는 말에,

부인 "생각하여 하시구려. 나더러 물으시면 내가 무엇을 알겠소?"

김관일 "좀 억지의 일 같지마는 장팔의 집으로 가는 것이 여편네들에게 편할 터이니 그리로 갑시다."

부인 "장팔의 집은 방이 하나뿐인데, 그 집으로 가자는 말씀은 알 수가 없소."

김관일 "오늘 낮 전에 어느 친구의 집에 갔더니 그 친구의 말에, 자

기 집 행랑이 비었는데 심부름이나 잘할 사람을 얻어 두었으면 좋겠다 하니 장팔의 식구는 그 집 행랑으로 보내고 우리는 아직 장팔의 집에 들어 있다가 논 마지기나 팔아서 집 구처를 하지."

서일순 "여러 번 말씀 여쭙기도 버릇없는 일 같습니다마는 여쭈어 볼 말씀 한 마디가 있습니다. 아까 뫼시고 술잔이나 먹을 때에 저 같은 철모르는 아이들이 어른 앞에 버릇없는 일이 많이 있어서 괘씸하게 여기신 일이 있는 것 같습니다."

김관일 "허허허, 저런 말은 아름다운 일이나 좀 고루한 말이구. 고루하다면 내 말이 실례가 되는 말이나 고루한 것은 고루하다는 것이 친한 본의야. 사회상 교제라 하는 것은 범위가 넓어서 창졸* 에 다 말할 수 없으나, 대체 학문가는 학문을 많이 좇아 놀며, 유지자는 유지자를 많이 사귀며, 도덕가는 도덕가끼리 더욱 서로 사랑하는 것인데. 그 중에 연치* 는 교계가 없는 것이라. 그러나 장유유서라 하는 것은 또한 아름다운 일이라. 나이 많은 사람을 대접하는 것은 좋지마는 제 나이 많다고 자랑만 하고 나자세만 하고 자기보다 나이 적은 사람을 보면 어른 노릇을 하려고 슬슬 피하여 가는 사람은 친구 없는 야만이야, 허허허. 서 서방 같은 재조에, 지금부터라도 신학문을 배우면 불과 몇 해 안에 우리 앙우*가 될 터이라. 나는 나이 삼십이나 되어서 외국에 가서 공부를 하였으니 삼십에 시작한 공부가 그리 지질한가. 나는 서 서방이 내 앙우되기를 바라는 사람이니, 만일 내 앙우가 되면 미거* 한 친구로 알 터이지. 그러나 내가 서 서방보다 나이 좀 많은 터이니 나는 서 서방더러 허게 하고, 서 서방은 나를 대접하여 주

---

* 창졸(倉卒) 미처 어쩔 새 없이 급작스럽게.
* 연치(年齒) 나이의 높임말.
* 앙우(仰友) 우러러보는 벗.
* 미거(美擧) 훌륭하게 잘한 일.

는 것은 습관상에 그러할 일이나 같이 술잔 먹고 담배 먹는 것이 버릇없는 것이 아니야. 그러나 지금 자네가 홀연히 버릇이니 무엇이니 하는 말은 어찌 하는 말인지……."

서숙자 "네, 좋은 말씀을 많이 하여 주시니 감사한 일이올시다. 아까 여쭌 말씀은 다른 말씀이 아니라. 오늘 이런 회록*을 당하신 터에 제 집으로 뫼시고 가려 하는데, 제 집으로 아니 가시고 장팔의 집으로 가신다 하시니, 저를 장팔이만치도 못 알아 주시는 것 같아서 한 말씀이올시다."

김관일 "허허허, 내가 자네께 폐되는 것을 생각하여서 아니 가려한 것이지 무슨 딴 생각이 있을 것이 있나? 그러면 염치는 없지마는 자네 집으로 가서 폐를 시켜 보세. 여보 마누라. 이애 옥련아, 서 서방 집에 가서 미련으로 대고 폐를 끼쳐 보자."

서숙자 "폐는 제 폐가 되는 것이 아니라, 제가 염치없이 구청할 일이 많습니다. 제가 본집은 서울인데, 평양 와서 무슨 실업 경영하는 일이 있어서 우선 집 하나를 지어 놓고, 그 집에 누구를 들이든지 시량*이나 대어 주고 집 수호나 시키고, 제가 평양에 와서 있을 때에 식주인 노릇이나 잘 하여 줄 사람을 구하는 중이올시다마는, 그런 버릇없는 구청은 할 수 없으나 저는 경향으로 왔다갔다하는 사람이니, 몇 해 동안이든지 그 집에 계셔 주시면 제게는 그런 다행한 일이 없습니다."

김관일 "자네 구청이야 무엇이든 내 힘대로 하다 뿐이겠나. 자, 이왕 갈 바에야 어서 가세."

그 소리 한 마디에 서일순의 기뻐하는 것은 고사하고 서숙자가 옥련의 손목을 붙들고 방글방글 웃으며,

"나는 오늘 밤부터 좋은 동무가 생겼네. 동무라 하지 말고 동생이라

＊ 회록(回祿)　화재.
＊ 시량(柴糧)　땔나무와 먹을 양식.

하였으면 더 좋겠지마는, 김 서방댁 작은아씨같이 학문 있는 여학생이 나같이 무식한 사람의 동생 노릇을 하라면 치사하게 여길걸. 하하하, 여보게 이문이, 자네께 허락받을 일 한 가지가 있네."

서일순 "무슨 말인지 그리 바쁠 것 무엇 있소? 손님 뫼시고 어서 집에 가서 말합시다."

서숙자 "가기도 바쁘려니와 내 말은 더 바쁜걸."

서일순 "응, 무슨 말이 그리 바쁘단 말이오?"

서숙자 "김 서방댁 작은아씨는 공부하기를 좋아하는 터이니 조용한 초당에 있게 하고, 나는 그 앞에서 심부름이나 하면서 그 여가에 공부나 좀 얻어 하겠네."

서일순 "허허허, 누구든지 공부한다는 말에는 내가 찬성하는 마음이니, 초당을 드리다 뿐이겠소. 그러나 누님같이 무식한 어른이야 이제 공부가 무슨 공부요, 남 공부하는 옆에 있으면 방해만 되지."

서숙자 "에그, 저 몹쓸 것 보게. 누이를 망신을 시키네. 내가 그렇게 무식한가? 자네도 큰소리 말게. 영어 공부하고 싶어서 애를 쓰더니 좋은 선생님을 만났으니 공부 잘 하고 남의 무식 타박은 천천히 하게. 제가 영어 배울 마음이 있어서 내가 배우려는 것을 방망이 드는 말이지. 왜 둘은 못 가르치나? 여보 김 서방댁 작은아씨, 이문이가 영어를 가르쳐 달라거든 가르쳐 주지 마오, 그것 밉쌀스러."

서일순 "나는 초당 선생님 아니라도 사랑에 선생님을 뫼시고 있는 터이니 아실 것 없소."

하더니 다시 김관일을 돌아다보며,

서일순 "지금 할 말씀은 아니올시다마는, 차차 틈 있는 대로 영어 좀 가르쳐 주셨으면 좋겠습니다. 저 놀부의 마음 같은 누이 하나이 있는데 따님께 저를 영어 가르쳐 주지 말라고 당부를 하니. 누이가 공부를 더 잘할지 제가 잘할지 내기 좀 하겠습니다."

김관일 "허허허, 그런 내기를 하면 매씨께 질걸. 내가 옥련이보다 미국에 먼저 가서 훨씬 나아……. 나는 발음이 잘 되지 못하여……. 대체 연구력은 여자가 남자만 못하나, 기억력은 여자가 남자만 못지 아니한데, 어학은 혀가 부드러운 것이 제일이라. 여자가 남자보다 말을 잘 배워. 옥련이는 어려서 배운 말이라 서양 사람의 발음과 별로 다를 것 없어. 문법을 배우려면 내게 배우는 것이 나을걸, 허허허."

서숙자 "이문이가 초당 선생님께는 아니 배울 듯이 큰소리를 하더니 필경 배우러 올 모양이로구. 여보 김 서방댁 작은아씨, 이문이가 책을 들고 초당에 오거든 문 닫아 걸고 들이지 맙시다, 하하하."

웃으면서 옥련의 손을 잡고 가기를 재촉하는데, 김관일이가 서숙자의 동정을 본즉, 대체 교육 없는 부인이라 단정한 태도는 없으나 그러나 인정 있고 싹싹하고 재미있는 여편네라. 옥련이가 참 좋은 동무를 만났다 싶은 마음이 있었더라.

화재를 보고 심란하여 못 견딜 듯하던 최씨 부인은, 서일순의 친절한 모양과 서숙자의 다정한 것을 보고 마음에 위로가 되어 서씨 집으로 따라가면서 친척의 집에나 가는 것같이 허물없는 마음이 생긴다.

그 날 밤에 서씨 집에 가서 거처를 정돈하는데, 안방에는 최씨 부인이 장팔 어미를 데리고 있게 하고, 건넌방에는 서숙자의 세간 그릇을 넣고 잠그고, 초당에는 옥련이와 서숙자가 같이 있게 하고, 사랑은 조그마한 방이 둘이라. 하나는 김관일이가 거처하고, 하나는 서일순이가 거처하고, 행랑에는 심부름이나 할 사람을 얻어 들였는데, 최여정의 심복이라. 그런 경륜 배포는 다 최여정과 서숙자의 기이한 꾀에서 나온 것이라.

김관일이는 화재 본 후에 여간 셈평이 펴인다 할 것이 아니라 큰 수가 난 터이라.

말이 서씨 집을 빌어 들었지, 실상은 까치집에 비둘기 들어 있듯 김씨가 자기 집같이 들어 있고, 서일순은 식객같이 붙여 있는 터이라. 김씨는 옛날 평양 서윤이 내행을 데리고 도임이나 한 것 같고, 서씨는 이방이 원의 관황* 돈이나 맡아 가지고 진배하듯 정성을 다하여 거행하는 터이라.

그렇게 날이 가고 달이 지날수록 김씨 부부 마음에는 서씨를 자비심 있는 부처님같이 알고 항상 서씨 은혜 갚을 도리만 생각한다.

대체 돈이 무엇인지 서일순이가 돈으로 김씨 부부의 마음을 사고 정신을 빼앗았으나, 돈으로 살 수 없는 것은 옥련이 마음이요, 돈으로 빼앗을 수 없는 것은 옥련의 정신이라.

만일 옥련의 입으로 구완서의 혼인을 파약하겠다는 말 한 마디만 있을 지경이면, 그 어머니는 옥련의 등을 똑똑 두드리며, 에그 내 딸이야 하고 옥련이를 기특히 여길 만치 되었고, 김관일이는 말로 칭찬할 리는 없지마는, 에그 나 모르겠다, 제 마음이 그러한 것을 내가 어찌한단 말이냐, 하고 드러누울 만치 된 터이라.

그러나 옥련이는 철석같은 마음이 죽어도 썩지 아니할 마음이라. 〈육도 삼략〉* 같은 계교 속에 빠져서 철통 같은 서씨 집과 돈 가운데 들어앉아서 서일순이와 형제같이 친하여 허물없이 지낼 뿐 아니라, 그 초당에 있은 지 일 년 동안에 서일순이가 영어를 배운다 하고 밤이나 낮이나 들어오면, 두 시간, 세 시간씩 앉았다가 나가는데, 옥련이는 날이 갈수록 친절하면서 공경하는 태도가 점점 더한지라.

그런 고로 서씨가 옥련의 앞에 가면 엄한 스승 앞에 앉은 듯이 조심하는 터이라.

서일순이가 옥련의 뜻이 개결한 것을 볼수록 옥련이를 사모하는 마음이 더욱 간절하고, 옥련의 절개가 높은 것을 알수록 옥련이와 부부

---

* 관황(官況) 조선 때 지방관의 봉급. 18등급이었음.
* 〈육도 삼략(六韜三略)〉 강태공이 지은 〈육도〉와 황석공이 지은 〈삼략〉. 중국 병법의 고전.

되려는 희망이 더욱 깊은지라.

몸은 어디 있든지 마음은 초당에 가서 있는데, 다시 생각한즉, 적적한 방에 혼자 있는 서일순이라.

때로 갑갑증이 나서 뜰 아래 내려가서 거닐다가 초당은 지척이라.

그윽한 꽃이 피어, 초당 앞에 은은히 비치는 것을 보면 그 꽃이 영화 빛을 띤 것 같고, 한가한 나비가 초당 앞에서 펄펄 날아다니는 것을 보면, 그 나비는 영화의 꿈을 꾼 것같이 알고 부러워하는 서일순이라.

여순을 봉색*하고 이백 고산 치러 들어가는 장수같이 용맹을 내어서 옥련의 강한 마음을 항복받아 볼까 생각하는 서일순이라.

그러한 용맹으로 초당에 들어가서 결사대같이 옥련이와 싸워 볼 작정인데, 그 싸움 문제는 혼인 언약을 맺자하는 참 어려운 문제요 큰 싸움이라.

그 문제를 가지고 그 싸움을 하려고 그 용맹을 내어서 초당으로 가다가, 초당 앞에 딱 다다르니 나던 용맹이 움츠러져서 주저주저하고 발이 뒤로 돌아서다가, 앞으로 돌아서다가, 마침 옥련이가 미닫이를 열고 나서는 것을 딱 마주치더니 꽃가지에 마음없이 앉았는 나비를 잡으러 간다.

서숙자가 또한 미닫이를 열고 나오다가 서일순의 모양을 보고,

서숙자 "이문이, 거기서 무엇 하나?"

서일순 "누님 주려고 나비 잡소."

그 소리에 나비는 날아가고, 이문의 눈은 나비 그림자를 바라보고 섰는데, 서숙자가 하하 웃으면서,

서숙자 "참 어린아이로구."

서일순 "내가 어린아이란 말이오?"

＊봉색 길을 막아 버림.

서숙자 "나비 잡으러 다니는 것이 어린아이가 아니란 말인가?"

서일순 "나비를 잡아서 내가 가지려는 것이 아니라, 어린 누님을 달래려고……."

서숙자 "어린 누님이란 말은 참 요절할 말이로구. 그러나 그런 철없는 아이들은 장가도 들일 수가 없어."

서일순 "왜 못 들어?"

서숙자 "처가에 가서 나비나 잡으러 다니면 남부끄럽지 아니한가?"

서일순 "허허허, 나비도 나와 같은 부생*이라, 붙들고 물어 볼 일이 있더니 나를 의심하여 달아나는구려."

서숙자 "자네 말은 들으면 맛있고, 지취 있고 이치 깊숙하여 나같이 무식한 사람은 알아듣기 어렵네. 그러나 이리 올라오게, 오늘 우리가 결정할 말이 있네."

고군 약졸이 강적을 보고 감히 싸움할 마음이 없다가 구원병의 나팔 소리를 들으면 다시 용맹이 나듯 서일순이가 서숙자의 말 한 마디에 새로 용맹이 나서 초당으로 올라가니, 서숙자와 옥련이가 서일순이를 인도하여 방으로 들어가더니 세 사람이 솥발같이 늘어앉았는데, 숙자는 서일순이를 건너다보고, 일순이는 숙자를 건너다보며 서로 말을 먼저 내기가 어려워하는 모양이라.

옥련이가 머리를 들어, 두 사람의 얼굴을 잠깐 쳐다보고 다시 고개를 수그리는데, 무엇에 놀란 사람같이 가슴이 두근두근하며 심회가 좋지 못하여 말없이 무엇을 생각한다.

'내가 좋지 아니한 일이 있을 때마다 가슴이 두근두근하며 심회가 사납더니 오늘 무슨 일이 있으려나?'

그런 마음이 생기면서 홀연히 미국 샌프란시스코에서 구완서와 공원

---

* 부생(浮生) 덧없는 삶.

구경하던 생각이 나는 중에, 서숙자가 작은아씨 부르는 소리에 깜짝 놀라며 가슴이 다시 두근두근한다.

　　옥련 "에그, 형님도 망령이오. 의형제를 맺자 하기도 형님이 먼저 말한 것이요, 내가 형님 소리를 아니 한다고 노엽단 말도 형님이 하신 터이라. 지금 형님이 나더러 작은아씨라 하시니 동생은 떼어 버렸소?"

하며 상긋 웃는다.

　　서숙자 "참 잘못하였네. 동생에게 책망 들어 싸지. 여보 아우님."

　　옥련 "아우면 아우 대접을 할 일이지, 여보는 무엇이오."

　　서숙자 "또 잘못하였네. 오늘은 사죄할 일만 생기네. 여보게 아우님, 아우님이 나를 누구로 아는지 나는 아우님을 내 동생 이문의 아내될 사람으로 여기고 있는 터이니, 아우님은 나를 시누이로 알기를 바라네. 내가 오늘 아우님께 처음 말이 아니오. 아우님의 어머니께는 날마다 말씀하는 일이지마는, 아우님을 좀 책망할 말이 있어. 여보게 아우님, 아우님이 구완서의 은혜를 많이 받았다 하나, 은혜도 경중이 있는 것이라. 아우님의 어머니는 서일순의 손에 목숨이 살아나신 일이 있고, 아우님은 구완서의 은혜를 입은 일이 있으니 부모의 목숨을 구하여 드린 서일순의 은혜가 중한가, 아우님을 공부시켜 준 구완서의 은혜가 중한가 생각하여 볼 일이라. 또 구완서의 사주*받은 일도 없고, 다만 말 한 마디 약조로 십 년간 대년한다 하니 삼십 처녀가 어디 있단 말인가? 여보게 아우, 오늘 우리 세 사람이 서로 속에 있는 말을 다하세. 나는 서일순이와 친남매가 아니오 의로 맺은 남매라. 그러나 세상 사람의 친남매간 정의가 우리 남매의 정의만 못한 사람도 많이 있는 터이라. 나는 서일순의 덕과 행실이 세상에 드문 사람

＊사주(四柱) 난 해, 달, 날, 시의 네 육십 갑자. 여기서는 혼인이 정해진 뒤 신랑 집에서 신부 집으로 신랑의 사주를 적어서 보내는 종이인 '사주단자'를 일컬음.

으로 여기는 고로 깊이 심복된 누이라. 내 말을 들어 보게. 어지신 아우님아. 지금 세상에서 일순이 같은 사람을 혹 보았나? 천한 사람들이 재물 욕심에 눈이 뒤집혀 날뛰지마는, 서일순이는 재물 아까운 줄 모르고 불쌍한 사람을 구제하니, 그런 갸륵한 사람이 어디 있단 말인가? 가난 구제는 나라에서도 할 수 없는 일이라는 말도 있거니와, 참말이 났으니 말이지, 가난한 사람은 이루 도와 줄 수가 없는 것이지마는, 서일순이는 남을 먹여 살리느라고 제 재물을 다 없애는 사람이니, 내 생각에는 요순보다 착한 사람은 서일순이로 아네. 사람이 입은 비뚤어졌더라도 말은 바로 할 것이라는 말도 있으니 말일세. 우리가 다 서일순의 덕으로 사는 사람이 아닌가? 가령 서일순이가 아우님의 어머니를 살려 준 은혜는 없다 치세. 아우님 댁에 불 나던 날 생각을 못하나? 에그 참, 그 날 일을 생각하면 그런 망창한 일이 어디 있겠나. 오막살이 초가는 까만 잿더미가 되었는데, 갈 곳이 없어서 탄식하는 아우님 댁 세 식구가 길가에서 밤을 보내면서, 아우님의 어머니는 돌아서서 눈물 씻던 모양을 생각하면."

하면서 서숙자가 새로이 눈물을 씻으니 옥련이가 마주 눈물을 씻는다.

　　서숙자 "지나간 일을 말할 까닭이 없지마는, 서일순의 마음 착한 말을 하느라고 그런 말이 나오네. 여간 보조를 하든지, 여간 구제를 한 것 같으면 예사로 알 터이나, 우리들이 다 집도 없던 사람인데 서일순이가 어떻게 대접하던가? 그래 우리가 서일순의 은혜를 몰라야 옳단 말인가? 내가 오늘 처음 하는 말도 아니지마는, 서일순이가 통혼하는 것을 아우님의 입으로 못하겠다는 말이 나올 터인가? 서일순이가 품행이 부정하든지 마음이 불량하든지 마음에 맞지 아니한 곳이 있거든 말을 하게. 나이 스물세 살이 되도록 장가도 아니 들고 어진 아내를 구하는데, 화류장에 놀러가는 일도 없이 책상 앞에서 세월을 보내니 그런 갸륵한 사람이 어디 있나? 자, 나는 중매쟁이라, 내 말

보다 당자의 말이 제일이니, 오늘 이 자리에서 둘이 결말을 지어 말하게. 여보게 이문이, 자네가 직접 말을 하게."

하더니 서일순이와 옥련이를 조르는데, 옥련이는 말없이 고개를 수그리고 앉았다.

서숙자가 문을 열고 나가더니 구원병 청하듯이 옥련의 모친을 데리고 들어오는데, 옥련이가 가만히 생각하니, 그 날은 무슨 끝이 나는 날이라. 가슴은 타는 듯하고, 오장은 녹는 듯한데 무슨 말로 대답을 하면 좋을지 생각이 아득하며 나오느니 눈물뿐이라.

최씨 부인이 옥련의 앞에 바싹 들어앉으며 옥련의 손을 붙들고,

부인 "옥련아, 어머니 보니 반갑지?"

하면서 옥련의 얼굴을 물끄러미 본다. 옥련이가 눈물을 씻고 고개를 들더니,

옥련 "날마다 때마다 보는 어머니를 보고 새로이 반가울 일이야 무엇 있소?"

부인 "저승길로 가던 어머니가 이 세상에 다시 와서 있으니 반갑지 아니하단 말이냐?"

하더니 다시 서일순이를 돌아다보며,

부인 "여보 서 서방, 내가 서 서방의 은혜를 갚지 못하고 죽으면 어찌한단 말이오?"

서일순 "은혜는 무슨 은혜란 말씀이오니까?"

부인 "한두 가지가 아니거든 어찌 다 말할 수 있소? 그러한 은혜를 갚고 죽어야 내가 눈을 감고 죽지. 눈은 감든지 못 감든지 그 은혜를 못 갚으면 내가 죽어서 사람으로 환생은 못 할 터이야."

서일순 "허허허, 남의 은혜를 못 갚으면, 죽어서 사람 환생을 못 하는 법이오니까?"

부인 "서 서방의 태산 같은 은혜를 내가 손톱만치도 못 갚았으니 어

디 사람 노릇을 하였소? 일평생에 사람의 마음을 가지고 사람 노릇을 하여야 죽어서 사람으로 환생하지. 일평생에 짐승 같은 마음으로 남의 은혜도 모르고 의리도 모르고 사람 노릇을 못하면, 죽어 환생을 하더라도 짐승이나 되었지 사람이야 될 수 있소. 사람의 정신으로 살다가 죽으면 사람이 될 것이요, 짐승 같은 마음으로 살다 죽으면 짐승이 될 터이라. 내가 남의 손에 목숨이 살아나서, 남의 손에 얻어먹고 살면서 갚지를 못하니 개 같고 돼지 같은 신세라. 이 몸이 이 세상을 버린 후에는 내 영혼이 개나 돼지의 탈을 쓰고 세상에 생겨나서 전생에 염치 없고 의리 모르던 죄를 받을 터이라. 내가 어젯밤에 베개에 누워서 그런 생각을 하다가, 겁이 나서 가위에 눌리었소."

하더니 다시 옥련이를 돌아다보며,

부인 "이애 옥련아, 내가 갚지 못하는 서 서방의 은혜를 너더러 갚아 달라 할 수도 없는 일이지마는, 갚을 수만 있거든 갚아 다오. 만일 서 서방이 나더러 죽어라 하면 죽을 터이요, 종 노릇을 하여라 하면 종 노릇을 할 터이나, 죽으란 말도 없고, 종 노릇 하라는 말도 없으니 은혜 갚을 데가 없구나. 너더러는 혹 버선이나 좀 기워 달라는 말이 있더냐? 나와 너의 아버지는 나이 많은 사람이라고 서 서방이 도리어 우리 심부름까지 하여 주니 불안하여 못 살겠다. 죽어서 돼지로 환생을 하더라도 진작 죽기나 하였으면 서 서방의 돈이나 덜 없어지지."

하면서 눈물을 씻는다.

서일순이는 말참례 아니 할 듯이 시치미 뚝 떼고 앉았고 서숙자는 포수가 총에 재약하듯 입에 말이 가득 들어서 터져 나올 듯이 콧방울이 발룽발룽하며 입이 반쯤 벌어졌는데, 그 중에 옥련이는 얼굴빛이 변하며 고개를 수그린다.

마침 옥련이가 말을 냅뜨는데, 숙자도 또한 말 시작을 하다가 두 사람의 말소리가 일시에 마주치니 옥련이가 말을 그친다.

서숙자 "내 말은 저물도록 하여도 먼저 하던 말과 다를 것이 없으니 아우님이 말을 하게."

부인 "먼저 하던 말이라니, 아까 말한 것 있소? 재미있는 말이거든 나도 좀 들어 봅시다."

서숙자 "아주머니 앞에서 그런 말을 하다가 꾸지람이나 듣게요."

부인 "꾸지람 하는 사람은 없더라도 상없는 말은 아니 하는 것이 옳지."

서숙자 "여긴 상없는 말할 사람은 없습니다마는, 아주머니 앞에서 발설하기가 썩 어려운 말이올시다."

부인 "상없는 말만 아니면 내 앞에서 말하기 어려운 것 무엇 있소?"

서숙자 "걱정을 듣더라도 말씀을 하오리까?"

부인 "무슨 재미있는 말을 저렇게 뜸을 들이누?"

서숙자 "아주머니, 내 청 하나 들어 주시렵니까?"

부인 "아저씨, 아저씨 하며 길짐을 지운다더니, 아주머니, 아주머니 하며 무슨 청을 하려누?"

서숙자 "누가 따님과 통혼을 하여 달라는 사람이 있는데, 아주머니 허락을 받으려는 말씀이올시다."

부인 "과년한 딸 둔 사람에게 혼인 언론하는 것이 청이란 말이오?"

서숙자 "지조 있고 덕 있고 학문 있는 따님을 두고 그와 같은 사윗감을 구하시는 터에, 지금 통혼하는 신랑감은 지조도 없고 덕도 없고 학문도 없는 용렬한 아이라. 그런 변변치 못한 신랑감으로 통혼을 하다가 아주머니가 듣고 펄쩍 뛰시면 그런 황송한 일이 있습니까?"

부인 "말은 바로 하지. 옥련의 부친이 옥련의 혼인을 정하였다 하시나, 그 신랑감은 미국 워싱턴에서 유학하는 서생인데, 십 년간 대년한다 하니 그런 오활한 일이 어디 있겠소. 지금 옥련이가 열아홉 살인데 대년할 기약이 여덟 해가 남았으니 제 명이 짧으면 시집도 못

가고 처녀로 죽을 터이요, 내 명이 짧으면 사위도 못 보고 죽을 터이니, 나는 그 혼처를 기다리고 있을 수는 없소. 여편네 마음대로 되는 것은 아니나, 내가 요사이에 날마다 옥련 아버지더러 그 혼처 파약하자고 조르는 터이라. 옥련 아버지 말은, 내 입으로 발설한 것을 내 말로 파약할 수는 없다 하니 그런 딱한 말이 있소? 사랑에서 결말을 짓지 아니하면 누가 한단 말이오? 지금 세상에는 자유 결혼인지 무엇인지 우리 자라날 때는 들어 보지도 못하던 말이 있습니다마는, 내 사윗감은 내 눈에 들고 내 마음에 드는 사람이 아니면 옥련이를 시집 보내고 싶은 생각은 없소. 여보, 조카님은 우리 집 일을 대강 아는 터이니 말이지, 우리 모녀간 정경이 어떠하던 터이오. 가령 옥련이 마음에는 미국 있을 때에 정한 혼처가 제 마음에 든다 칩시다. 그러나 어미 마음에 들지 아니할 지경이면 어찌 그 어미 마음을 거스르고 제 마음대로만 하겠다고 고집 부릴 수가 있소? 지금 우리 사정이 그러한 터인데, 먼저 정한 혼처를 파약하더라도 여기서 합당한 혼처가 나선 이후 사이라. 내가 조카님을 믿는 터이니 중매를 잘 들어 주오."

서숙자 "신랑 재목이 너무 미거하여 차마 말할 수가 없는걸."

부인 "영웅 호걸도 구하지 아니하고 학사 박사도 구하지 아니하고, 한 눈이 멀었더라도 마음이 착하여 하느님께 죄를 짓지 말고 사람에게 적덕을 많이 하여 후생에 복받을 사람을 구하여 사위 삼기가 소원이니, 내 소원대로 그런 사람을 얻어 주오."

서숙자 "마음은 착하지마는, 아직 철이 아니 났어요."

부인 "누구란 말이오?"

서숙자 "여기 앉은 서일순이올시다."

부인은 그 말을 듣더니 희색이 만면하여 숙자의 손목을 턱 붙들며,

부인 "여보 참말이오? 내가 무슨 복력에 그러한 사위를 본단 말이오? 내가 상전같이 쳐다보고 구세주같이 우러러보던 서 서방이 내

사위가 된단 말이오. 그래 조카님 마음에서 나온 말이오? 서 서방 마음이 그러하오?"

서숙자 "……."

부인 "이애 옥련아, 이제는 내가 죽어도 마음을 놓고 죽고, 눈을 감고 죽고, 은혜 갚지 못하여 애쓰던 한을 풀고 죽겠다. 네가 일평생에 한결같은 마음으로 서 서방의 뜻을 받아서 너도 또한 서 서방과 같은 어진 사람이 되기를 바란다. 옥련아, 옥련아, 고개 좀 들고 무슨 말 좀 하여라."

옥련이가 그 말을 듣고 가만히 생각하니, 그 어머니가 창졸에 하는 말이 아니라 서숙자와 무수히 의논한 말이요, 그 아버지까지 속허락이 된 것 같은지라. 어머니 마음은 그러할 듯한 일이나, 야속한 것은 아버지 마음이라. 만일 내 입으로 결정하는 말이 없으면, 필경 혼인을 결정하고 사주까지 받을 모양이라. 아무리 말하기 난처하더라도 입 다물고 있을 수는 없는 일이라.

옥련 "어머니, 어머니께서 나 같은 불효의 딸 하나를 두셨다가 저렇게 애를 쓰시니, 나는 부모에게 애물이요, 하느님께 죄짓는 사람이올시다. 그러나 나는 속 답답한 벙어리같이 가슴에 쌓인 말을 할 수도 없고 아니 할 수도 없으니 이를 어찌하나?"

부인 "속 답답한 일이 무엇이란 말이냐? 하고 싶은 말이 있거든 속이 시원하도록 말을 다 하여라."

옥련 "어머니께서 알아들으시기 어려운 말도 있을 터인데."

부인 "네가 공부한 자랑을 하느라고 문자를 써서 말을 할 터이냐? 그러나 조선 여편네는 문자를 써서 말하면 주제넘다고 흉보느니라."

옥련 "흉을 보든지 말든지 나 하는 일이 윤리에 어그러지지 아니한 것을 말하려면, 문자 마디나 나올는지도 모르겠소."

부인 "오냐, 어떻게 말하든지 어서 말 좀 하여라. 여기 있는 사람들이 네 입만 쳐다보고 앉았다. 네 말 한마디만 떨어지면 오늘이라도 혼수 흥정하러 어디로 사람을 보낼 터이요, 또 구완서에게 편지도 부칠 터이라."

옥련이가 그 말을 듣고 눈을 힐끗 흘겨서 그 모친을 보며,

옥련 "집도 없이 남의 집에 있는 사람이 혼수 흥정할 돈은 누가 등대*하고 있소? 온 집안이 통을 들고 내 허락 나기만 기다리고 있었소? 구완서에게는 무슨 편지를 부친단 말씀이오? 파혼한다는 편지오니까? 옥련의 손으로 씁니까? 차라리 옥련이가 그 편지를 쓰고 사람 노릇을 못하는 일이 옳지. 아버지께서는 그 편지를 못 쓰세요. 만일 구완서가 그 편지를 볼진대, 말없이 쭉쭉 찢어서 수지통(휴지통)에 탁 들어뜨리고 평생에 사람을 대하여 그런 말을 못하는 사람이 있더라도 구완서는 싱긋 웃고 대답도 아니 할 사람이라. 그렇게 너그럽고 크고 점잖은 사람에게 그 편지를 누가 한단 말이오? 여보 어머니, 나도 사람이지. 시집을 갈 터이면 제 서방이 어디 가고 없는 동안에 도망질하는 년같이 가만히 갈지언정 인형을 쓰고 있는 사람으로 그 편지는 못 쓰겠소. 어머니 생각에는 딸을 서일순 씨에게로 시집을 보내면 은혜를 갚는 줄로 알으시오? 은혜는 은혜요, 혼인은 혼인이라. 가령 혼인을 하더라도 태산 같은 은혜는 남아 있는 것이니, 혼인 언론을 하려거든 숫접게* 혼인 말만 할 일이지, 은혜 갚는단 말은 왜 하시오? 만일 내가 서일순 씨에게로 시집가서 봉제사도 잘 못하고, 접빈객도 잘 못하고, 가도도 잘 못 세우고, 서일순 씨의 속만 푹푹 썩일 지경이면, 어머니께서 서일순 씨에게 은혜를 갚았다고 큰소리하실 것이 무엇이오? 남자는 장가들고, 여자는 시집가는 것이 각기 자기 행복을 위하는 일이지, 누가 아내를 위하여 장가드는 사람이 있으며,

---

* 등대(等對) 미리 준비하고 기다리는 것.
* 숫접게 순박하게.

남편을 위하여 시집가는 사람이 있으리까? 남편된 사람이 아내를 사랑하는 것도 자기 가정의 즐거운 마음에서 나온 것이요, 아내된 사람이 남편을 사랑하는 것도 가정의 즐거운 마음에서 나는 것이니, 그것은 사람이 각기 행복을 구하는 분자의 단합이 완전할 뿐이라. 이런 말을 어머니께서 알아들으실지 모르겠습니다마는, 실상 알아듣기 어려운 말도 아니올시다. 어머니가 서일순 씨로 사위를 삼으시면 은혜는 갚지 못하고 사위 덕은 많이 보시리다. 그 은혜 갚을 생각은 없고 그 덕을 볼 생각이 있거든 나더러 서일순 씨에게로 시집가라고 말씀하시오."

부인 "어미의 마음을 몰라도 분수가 있지, 내가 덕을 보려고 그러느냐?"

옥련 "어머니 마음을 모르는 것이 아니라, 자세히 아는 고로 말이오."

부인 "아는 년이 입에서 말이 그렇게 나온단 말이냐?"

옥련 "오늘은 내가 하고 싶은 말을 다 할 터이니, 내 말을 다 들어 보고 말씀하시오."

부인 "오냐, 무슨 말이든지 감추어 두지 말고 마음에 있는 대로 말하여라."

옥련 "지금 내 신명이 어찌될지 모르는 터에 하고 싶은 말을 아니 할 리가 있소? 어머니가 서일순 씨의 은혜를 갚으려고 딸을 시집보내려는 것같이 말씀을 하시며, 자식된 마음에 부모의 은인을 저버릴 수가 없는 터이라. 그러나 은인은 여럿이요, 내 몸은 하나이라. 여자의 한 몸이 여러 군데로 시집갈 수는 없으니 불가불 경중을 가릴 수밖에 없소."

부인이 그 말을 듣더니 무슨 경사나 난 듯이 빙긋빙긋 웃으면서,

부인 "옳지, 그렇지. 학문이 무엇인지 몰랐더니 학문이 있으면 저런 지각이 나는 것이로구나. 은혜의 경중을 가리다 뿐이겠느냐? 구완서

도 은인이지마는, 구완서의 은혜는 그 물가 비싼 미국에서 너를 십년이나 공부를 시켰으니 돈이 오죽 많이 들었겠느냐? 우리가 화재 본 후에 이 집에 와 있은 지가 일 년이나 되었는데, 서 서방이 우리 집안 식구를 먹여 살렸으니 그 돈도 적지 아니하나, 돈 쓴 것으로 말하면 구완서 씨가 더 썼을 터이라. 그러나 돈으로 바꾸지 못할 것은 사람의 목숨이라. 재작년 구월 초이튿날 내가 죽을 사람이 서 서방의 손에 살아났으니 네 어미 살린 은인이라. 그 은혜보다 더 중요한 은혜가 어디 있느냐?”

옥련 “그러면 어머니 목숨을 구하여 드린 은인에게로 시집을 가야 옳겠습니까?”

부인 “그렇다 뿐이겠느냐?”

옥련이가 이를 악물고 앉았다가, 서숙자를 힐끗 쳐다보더니, 다시 서일순이를 집어삼킬 듯이 흘겨보고 고개를 수그리는데, 부인과 서숙자와 서일순이가 옥련의 얼굴에 곁눈질만 한다.

부인이 옥련의 말 나오기만 기다리다가 갑갑증이 나서 불쾌한 말로,

“자식이 효도를 하면 받고, 아니 하면 못 받지, 엎질러 절받기로 억지로 시킬 수는 없는 일이야. 나도 부모에게 효성이 없던 사람이라, 제가 못하던 일을 자식더러 하라고……”

옥련 “엎질러 받는 절도 절은 절이니, 어머니 목숨을 구해 드린 사람에게로 시집가리다. 그러나 시집은 마음으로만 갈 수는 없는 것이니, 남편될 사람이 옥련에게 장가들겠다는 허락이 있어야 하겠소.”

그 말 한 마디가 뚝 떨어지매 서일순이 입이 떡 벌어지며,

서일순 “내 허락은 다시 말할 것 없소. 아까 내 앞에서 혼인 말이 먼저 난 터인데 허락 여부가 있소? 당장 사주라도 쓰지요.”

하면서 벼룻집을 찾느라고 앞뒤로 휘휘 돌아보다가, 너무 급히 서두르는 모양이 창피할 듯한 생각이 나서 정신없이 궐련 물부리를 손에 들고

찾는다.

옥련이가 천연한 기색으로 서일순이를 쳐다보며,

옥련 "참 가엾은 일이올시다. 무슨 말로 사죄를 하면 좋을지 모르겠습니다."

서일순 "천만의 말이오. 내게 가엾단 말할 일이 무엇이며 사죄할 일이 무엇 있소."

옥련 "서일순 씨의 은혜를 갚지 못하고 서일순 씨의 아름다운 뜻을 좇지 못하니, 옥련이는 의리 없는 사람이라. 용서하여 주시기만 바라옵니다. 그러나 옥련이가 서일순 씨의 은혜를 잊을 리는 만무하오. 몸으로는 못 갚더라도 마음으로 갚을 터이라. 생전에 갚을 기회가 없으면 죽어서 결초 보은*이라도 할 터이니 그리 알으시고 용서하여 주시오. 나는 미구에 부모 슬하를 떠나서 시집가는 사람이라. 이 초당에서 밤낮 없이 같이 있던 서숙자 씨도 섭섭하고, 조석으로 만나서 학리도 토론하고, 사회 현상도 이야기하던 서일순 씨도 이별이라, 섭섭한 마음이 무한량 없습니다."

부인이 그 말을 듣다가 깜짝 놀라서 서일순이가 말하려는 것을 멈추게 하고,

부인 "이애, 너 하는 말을 내가 알아들을 수가 없다. 아까 하던 말과 지금 하는 말이 다른 것은 웬 일이냐? 사람이 한 입으로 두말을 한단 말이냐? 지금 하던 말은 무슨 말인지……. 미친 년이 아니거든, 그것이 다 무슨 소리냐?"

옥련 "장옥련이가 미쳤는데, 김옥련이는 아니 미친 줄 알으시오? 부모가 야속하면 미칠 수밖에 수가 있소?"

부인 "응석을 하더라도 그렇게 말하는 법은 없느니라. 네 부모의

＊ 결초 보은(結草報恩) 죽어서까지라도 은혜를 잊지 않고 갚음.

자정*이 어떠한지 몰라서 저런 소리를 하느냐? 네 혼인말을 하더라
도 부모의 마음대로 이리 하여라, 저리 하여라 명령한 것도 아니요,
내가 네게 의논성 있게 한 말인데 남의 은혜 경중을 가리느니 마느니
하기도 네 입에서 나온 말이요, 어미 목숨을 구하여 주던 은인에게로
시집을 가겠다 한 것도 네 입에서 나온 말이요, 남편될 사람의 허락
을 듣고 가겠다 한 것도 네가 한 말이 아니냐? 네 말이 그러한 고로
서 서방이 정중한 허락을 할 뿐 아니라, 당장에 사주라도 쓰겠다 하
였는데 홀지에 네 마음이 변하였는지 횡설수설하는 말이 나오니, 학
문 있는 여자는 그러하며, 명예 있는 사람은 그러하며, 개화한 출신
은 그렇게 무신한가? 이애, 나는 계집아이로 있을 때에 부모가 내 혼
인 말을 냅뜨면 부끄러운 마음에 그 앞에 있지도 못하고 피하여 나갔
다. 만일 그 혼처가 좋으니 마니 한 소리를 할 지경이면 큰 변이 나는
줄로 알고 무슨 야단이 났을는지 모를 것이다. 네 부모가 네게 어떻
게 야속히 굴어서 네가 미칠 지경이야?"

옥련 "내가 아까 한 말을 변할 리가 만무하나, 아직 남편 될 사람의
허락을 못 얻었으니 그 허락 날 때까지만 참아 주시오. 그 허락만 나
면 오늘 내로 가오리다."

부인 "아까 서 서방 하던 말은 못 들었느냐?"

옥련 "아니오, 장팔의 허락을 맡아야 하겠소."

부인이 깜짝 놀라며,

부인 "응, 고장팔의 허락이라니?"

옥련 "어머니께서 고장팔의 은혜를 잊으셨습니까? 밤은 깊어 사람
의 자취는 끊어진 대동강 물에 풍덩 빠져 둥둥 떠내려가는 어머니를
건져서 회생시키던 고장팔의 은혜가 더 중합니까, 허연 대낮에 구경

＊ 자정(慈情) 어른들의 자식에 대한 인자한 정.

꾼이 물 끓듯 하는 도회지에서 나 죽겠다 외치고 나가는 어머니를 쫓아가서 붙들던 서일순 씨의 은혜가 더 중합니까? 고장팔이는 가난한 상놈이요, 서일순 씨는 재물 많은 양반이라, 가난한 상놈의 은혜는 커도 잊어버리고, 부자 양반의 은혜는 적어도 아니 갚을 수 없단 말씀이오니까? 고장팔이는 불쌍한 인생이라. 작년 가을에 계집 죽고 삼간 초가 팔아먹고 냉면집에 가서 종놈이질을 하고 있다 하니, 남의 신세를 갚더라도 불쌍한 사람에게 먼저 갚을 것이라. 내가 은혜 갚을 마음으로 고장팔의 계집이 될 지경이면, 구완서가 그 말 듣는 그 날로 내게 고맙다는 편지를 할 사람이라. 내가 장팔의 계집이 되러 가는 날은, 내 손으로 구완서에게 혼인 파약하는 편지를 써도 부끄러운 마음이 없겠소. 만일 다른 사람에게로 시집을 가라 하실진대 미국 대통령의 부인이 되더라도 나는 못 가겠소. 나는 미가녀라, 구완서를 위하여 절개 지킬 의리는 없고, 다만 믿을 신(信)자를 지키는 터이라. 만일 구완서가 먼저 파약을 할 지경이면 내 속이 쓰리더라도 어디든지 시집을 가려니와, 내가 먼저 파약은 못 하겠소. 고장팔이는 거지 된 위인이라. 내 몸을 희생 삼아서 거지를 도와 주면 덕의상에 가한 일이니, 구완서에게 믿을 신자를 지키지 못한 죄를 짓더라도 덕의상에 가한 일을 하겠소. 어머니 어찌하리까? 고장팔의 집으로 가라 하시면 지금이라도 가겠소. 어머니, 어머니, 왜 아무 말씀도 아니 하십니까? 장팔이도 고맙거니와 장팔 어미는 더 고맙습니다. 십 년 동안에 어머니를 뫼시고 고생을 그렇게 한 생각을 하면, 어머니 목숨을 구하여 드린 장팔이보다 더 고맙소. 장팔 어미가 없었더면 목숨 살아난 어머니가 차라리 돌아간 신세만 못한 고생을 하고 계실 터이라. 에그, 그 외꼬부라지듯 한 늙은이가……. 어머니, 내 말이 진정 말이오. 내가 장팔의 계집이 되어서 똥오줌을 받아 내게 돼 장팔 어미를 내 손으로 공양할 지경이면, 참부모의 은혜를 갚은 듯한 생각이 있겠소. 말이 난 김에 얼른 결단합시다. 어머니 마음에 좋으실 것 같으면, 내가 이 자리에서 구완서에게 혼인 파약하자는 편지를 쓰겠소. 일은 크고 작은 것을 교계하는 것이라, 덕의상에 큰 일은 조그마한 신용 관계를 돌아볼 수가 없는 것이오."

그 말이 마치고 한참 동안이 되도록 세 사람이 입을 봉한 듯이 방 안이 적적한데, 서일순의 눈은 얼음에 자빠진 쇠눈깔같이 창 밖의 모란봉을 바라보고 앉았는데, 그 큰 눈에 보이지 아니하고 조그마한 옥련이가 오똑 앉아서 주사를 문 듯한 입술을 방긋방긋 하는 대로 아프고 쓰린 소리만 나오던 그 모양만 눈에 선할 뿐이라.

인천항 저녁 빛에 흑운 같은 검은 연기를 토하며 살같이 들어오는 화륜선 화통 열어 놓는 소리에 인천 상업계의 졸음을 깨뜨리는 어물전에 꼴뚜기 장사가 먼저 날뛰듯이, 밥장사나 하고 방세나 받아 먹는 여인숙 반도(지배인)들이 잔판*의 배를 타고 정박한 화륜선에 들어가서 손님 마중을 하는데, 돈푼이나 잘 쓸 듯한 일등실 손님 앞으로 몰려가서 여인숙에 갈 손님을 찾는다.

키 크고 코 높은 서양 사람들은 모양도 꼿꼿 밋밋하거니와 행동 거지도 또한 활발하여, 여인숙으로 가는 사람은 여인숙 반도의 안내를 따라서, 경인선 기차 타려는 사람은 화륜선 보이에게 짐만 내어 맡기고 잔판으로 내려간다.

그렇게 깨끗 밋밋하고 활발한 사람들 다니는 틈에 웬 양복 입은 남자와 조선 복색한 부인이 어릿어릿하고 서서 내려가고 싶으나 무엇이 못 미더운 일이 있어서 못 내려가든지 어찌하면 좋을지 몰라서 서로 쳐다보며 얼뜬 소리만 한다.

---

* 잔판 배에서 부두로 가로질러 걸쳐 놓은 판자.

부인 "우리 짐은 보이가 들고 가더니 어디 두었나?"

남자 "글쎄."

부인 "저기 놓인 것이 우리 짐이로구나. 남의 짐에 섞어 놓았으니 짐이 바뀌지나 아니할까?"

남자 "짐에 내 명찰을 끼었으니 염려 없지요."

부인 "글쎄, 나도 명함은 끼었지마는, 누가 그 명함을 빼 버리고 제 명함을 끼우면 어찌하오?"

남자 "화륜선에서 그런 일 없다 하지."

부인 "우리 짐은 우리가 들고 내려가면 좋을 듯하오."

남자 "짐이 조그마하면 둘이 들고 내려가지마는, 저 짐을 우리가 어찌 들고 내려가겠소? 염려 없소. 내가 화륜선은 처음 타지마는, 화륜선 타 본 사람에게 이야기는 많이 들어서 아오."

부인 "서방님은 이야기나 들으셨으나 나는 말도 못 들었소."

그런 싱거운 소리를 하고 서 있는 사람은 화륜선도 처음 타고 서울도 처음 가는 시골 사람인데, 그 옆에 서 있는 사람은 인천 상등 여관 반도들이라. 각각 일등실 손님을 안내하여 내려가는데, 어느 반도 하나는 조선말을 조금 알아듣는 고로 그 말을 재미있게 듣다가 앞으로 썩 들어서며,

반도 "당신 야도야에 갔소?"

부인 "야도야가 무엇이오?"

반도 "바부 사 먹고 자무 잤소?"

부인 "바부 사 먹고 자무 잤소가 무엇인가?"

남자 "밥 사 먹고 잠 잔다는 말인가 보오."

반도 "좋소, 좋소. 당신 많이 알아 있소."

부인 "주막으로 가자는 말이오?"

남자 "조선 주막과는 다르지."

반도 "좋소, 좋소. 당신 많이 알아 있소."

마침 그러할 즈음에 화륜선 보이가 배에 있던 손님을 내려가라 재촉하는데, 그 남자와 부인이 여인숙 반도를 따라 내려간다.

그 때는 일러전쟁 계엄중이라. 철령 큰 싸움은 승부가 판단치 못하고 함경 북도에는 러시아 정탐이 출몰하고 파라적 함대는 동양을 향하여 나오는 때라.

여인숙에서 생활상 상업으로 비록 손님을 많이 맞아들이나, 그러나 수상한 사람을 보면 극히 조심하는 터이라.

여관에서 사흘을 묵으며, 낮이면 인천항으로 돌아다니며 구경하는 조선 사람들이 썩 수상하다고 여관 주인에게 의심을 받는 사람은 양복 입은 남자와 조선 복색한 부인이라.

처음에는 동부인하여 다니는 줄 알았더니 그렇지도 아니한 모양이라. 여관의 방을 둘을 쓰는데, 낮에는 한 방에 모여 있고 밤에 잘 때가 되면 각 방에서 자는 터이라.

여관 주인과 하인들이 그 손님 수상하다 하는 것은 두 가지 일이라.

한 가지는 둘이 모여 앉으면 비밀한 수작뿐인데, 여관 하인이 조선말을 모르니 조심할 까닭이 없지마는, 사람만 보면 하던 말을 그친다.

한 가지 일은, 돈 쓰는 모양이 노름판에서 얻은 돈을 개평 쓰듯 아까운 줄을 모르고 쓰는 것이라.

어디로 보든지 종적이 수상한데, 의심 많은 여관 주인의 생각에는 러시아 정탐으로 다니는 사람인 줄로 알고, 조심하는 도리에 감추어 두지 못할 일이라고 행인의 숙박계 책을 들고 헌병대에 가서 보고한즉, 조선말 잘하는 헌병 하나이 여관에 가서 조사를 한다.

그 양복 입은 남자와 조선 복색한 부인은 약기가 참새 굴레를 씌울 듯하고 꾀는 비상히 많은 사람이라.

화륜선에서 내릴 때는 첫 출입에 좀 어리둥절하였으나, 며칠 동안이

라도 차차 이력이 나서, 헌병에게 조사를 받는데 만일 사실대로 말을 아니 하고 어물어물하다가는 큰일을 당할 줄 알고 조금도 감추지 아니 하고 사사이 실토로 말을 하는데, 그 남자는 최여정이요, 부인은 서숙자라.

그 친구 서일순의 중매 들 일로 나선 길인데 깊은 비밀한 일은 감추고 말을 아니 하나 옥련의 일을 낱낱이 말하며, 옥련이의 먼저 정하였던 혼처를 반간하러* 다니는 말까지 다 하는지라. 헌병이 그 말을 듣다가 어찌 재미있고 우습던지 몇 번을 거푸거푸 웃다가 허허 웃으며 나가는데, 그 날 오후에 서숙자는 경인선 기차를 타고 경성으로 향하여 가고, 최여정은 인천서 묵다가 며칠 후에 미국으로 가는데 돌아올 기약은 석 달 후이라.

서숙자는 남대문 정거장에서 기차 내리는 길로 인력거 타고 삼청동서 부령 집을 찾아가는데, 댁호가 서 부령 집이지 실상 구 과부 집이라.

서 부령은 삼 년 전에 황천객이 되었는데, 죽을 때에 그 집에 남아 있는 것은 남에게 진 빚과 쪽박에 밥 담아 놓은 것 같은 아이들 오 남매와 사십여 세 된 과부 구씨라. 아이들은 열다섯 먹은 맏딸, 열세 살 먹은 둘째 딸, 열 살 먹은 아들, 일곱 살 먹은 넷째 딸, 다섯 살 먹은 막내아들이라.

세상에 자식도 없는 과부를 불쌍하다 하지마는 구 과부는 자식 많은 것이 더 불쌍한 신세라. 철모르는 아이들이, 어머니 배고파 하는 소리를 들을 때는 부인의 마음에, 저 불쌍한 것들이 왜 생겨났누 싶은 생각뿐이라.

이전에 남부럽지 않게 살 때는 찾아오는 사람도 많더니, 먹을 것 없고 남편 죽은 후에는 일가 친척이 문 앞으로 지나면서 들여다보는 사람

＊ 반간하다 두 사람 사이에서 헐뜯어 서로 멀어지게 하는 것.

이 없고, 다만 그 친정 오라버니 되는 구 즉산이 와서 보나, 구 즉산은 올 때마다 빈손으로 아니 오고 다만 지전 몇 장이라도 가지고 오는 고로 또한 자주 오지는 못하는지라. 대체 돈 얻어 보기도 어렵거니와 사람 얻어 보기도 쉽지 못한데, 서숙자가 그 집 사정을 자세히 알고 간 터이라. 서 부령과 일가도 아니지마는 억지로 촌수도 끌어 대고, 얼굴도 못 본 터이나 정분 있게 지내던 체하고, 항렬은 어떻게 댄 항렬인지 부인더러 아주머니, 아주머니 하며 반갑게 인사하고, 아이들더러 내가 네 형이니 누이니 하며 귀애하는데, 부인은 참 반겨하고 아이들은 따르는지라.

세상 사람이 남에게 속으면 해를 본다 하지마는, 구 과부는 속을수록 이를 보고, 아이들도 속을수록 이한 터이라.

서숙자가 봉투지 한 장을 손에 들고,

서숙자 "아주머니, 요 사이 어찌 지내시오? 변변치 못한 것이나 정으로 드리는 것이니."

하면서 부인 앞에 놓으니, 부인이 봉투지를 받아 본즉 지전 백 원이 그 속에 들었는지라.

부인 "에그, 웬 돈을 이렇게 많이 주신단 말이오? 받기도 염치가 없소. 내가 우리 영감 돌아가신 후에 백 원 돈을 구경하기가 처음이오. 내 친정 오라버니가 이 동네 사는데 형세가 어렵지 않지마는, 일가 친척간에 뜯기는 곳이 허다하고, 또 그 아들이 미국 가서 공부하는데 학비를 대어 주느라고 애를 쓰는 터에 내 집까지 보부족하여 줄 여가가 있을 수가 있소? 그러나 내 오라버니가 우애가 있는 사람이라. 며칠 동안에 한 번씩 나와서 보는데, 누이를 보고 싶어 오는 것도 아니요, 생질을 보고 싶어 오는 것도 아니라. 저 어린것들이 굶어 죽지나 아니하였나 염려되는 마음으로, 다만 쌀 한 말 값이라도 갖다 주러 오는 것이라. 오라버니가 쌀 한 말 값을 얻어 주는 것을 받을 때도 고맙기도 하거니와, 내가 염치없는 사람이다 싶은 생각이 있었는데, 처음 오시는 손님이 돈을 이렇게 많이 주시니 받기는 받소마는 무슨 말로 치사를 하며, 이 은혜를 어떻게 갚는단 말이오?"

서숙자 "에그, 천만의 말씀을 다 하십니다. 고마운 것은 무엇이며, 염치없는 것은 무엇이오. 서가의 집을 서가가 모르는 체를 하면 누가 안단 말이오? 내가 도와 드리는 것은 당연한 일이거니와, 아주머니 친정 오라버니께서 도와 드리는 것은 의외의 일이올시다. 에그, 아주머니 친정 오라버니 되시는 양반은 참 무던도 하시지. 출가 외인이라, 남의 집을 어찌 그렇게 도와 주어? 심덕이 그렇게 착하시면 필경 복을 받으시지요. 연세는 얼마나 되시고, 아드님을 몇이나 두셨습니까?"

부인 "나이는 오십이요, 아들은 하나뿐인데, 딸도 없는 외아들을 세상에 다시 없는 것같이 귀애하더니, 자식이 공부할 욕심으로 제 부모에게 의논도 없이 미국으로 도망한 지가 칠팔 년이나 되었는데, 우리 오라버니 내외는 하루가 삼추같이 기다리나, 그 자식이 공부에 미쳐서 지금도 팔 년이나 지난 후에 집에 돌아온다 하니, 우리 오라버니 내외는 그 아들을 보고 싶어서 미칠 지경이나, 그 자식이 제 부모의 말을 들어야지."

서숙자 "나이 아직 어립니까?"

부인 "어린것이 무엇이오? 이십사오 세나 되었는데요?"

서숙자 "그러면 그 부모되시는 이는 며느님만 기다리고 계십니까?"

부인 "그런 말을 하려면 책 한 권을 지어도 남을 터인데."

서숙자 "남의 집 일을 알려는 것은 아니올시다. 다른 말씀하시오?"

부인 "아니오. 남에게 말 못할 일도 아니오. 또 남에게 말 못할 일이 있기로 조카님에게야 말 못할 것 무엇 있소."

서숙자 "내가 서울 오기는 집 하나를 사러 왔는데, 제일 살기 좋은 곳이 어디요?"

부인 "서울 와서 사실 마음이 있소?"

서숙자 "우리 집은 평양인데, 평양도 살 만한 곳이나 겨울이 되면 추위도 대단하고, 또 범사가 서울같이 살기 좋을 수가 있습니까? 평생 소원이 서울 와서 살아 보고 싶으나 결단성이 없어서 못 왔더니, 올해 내로는 기어이 이사를 하고 싶은 마음이 있어서 온 터이나, 아는 일가는 다만 서부령 아저씨 한 분뿐이러니, 아저씨께서도 아니 계신 터에 누구를 의지하고 이사를 하면 좋을는지 몰라서 아주머께 의논하러 온 터이오. 염치없는 말이지마는, 아주머니께서 잘 보아 주시면 아무 걱정 없겠소."

부인 "그것 참 반가운 말이오. 그러나 내가 아무것도 모르는 여편네가 보아 드릴 일이 무엇 있겠소. 내 친정 오라버니 되는 구 즉산더러 부탁하면 집을 사든지 세간을 장만하든지 남에게 속지 아니 할 만하니 부탁하여 드리리다."

서숙자 "그렇게 하여 주시면 작히 좋겠습니까? 그러면 오늘이라도 내가 구 즉산 나리를 가서 뵙고 말씀을 하겠습니다."

부인 "그리 급할 것 무엇 있소? 만일 급하실 것 같으면 우리 돌놈이를 보내서 구 즉산을 청하여 오리다. 이애 돌놈아, 구 즉산 댁에 가서 아저씨 좀 옵시사고 여쭈어라. 아까 평양 누님이 네 신 겨냥내었지. 심부름 잘하여야 신을 얻어 신는다."

하는 소리를 듣고 흥이 나서 뛰어나가는 것은 열 살 먹은 아이라.

돌놈이가 신 얻어 신을 욕심으로 달음박질을 어떻게 잘하였던지 삽시간에 구 즉산 집 사랑에 가서 구 즉산을 찾는데, 마침 구 즉산이 안방에 들어가서 점심을 먹는지라. 돌놈이 쏜살같이 안마당으로 들어가서 신도 아니 벗고 마루 위로 올라가더니, 천둥에 개 뛰어들 듯 안방으로 와락 뛰어들어가며,

돌놈 "아저씨! 어머니가 나더러 구 즉산 댁에 급히 가서 아저씨 여쭈어 오래요."

하더니 뒤도 아니 돌아보고 달아나는지라. 구 즉산이 점심상을 앞에 놓고 수저는 아직 들지도 아니하고, 막 술 한 잔을 따르다가 그 부인을 돌아다보며,

구 즉산 "돌놈의 집에 무슨 일이 있는 게로구. 내가 잠깐 가서 보고 올 터이니, 이 밥상 저리 치워 놓아 두오."

하면서 잔에 따른 술만 훌쩍 마시고 사랑으로 나가더니, 입었던 두루마기도 아니 갈아 입고 탕건 쓴 위에 갓만 들어 얹고 급히 서부랑 집에 가서 본즉, 아무 일도 없고 다만 돌놈이가 마당에 서서 그 모친더러 심부름하였으니 어서 신 사 달라고 조르는 소리뿐이라. 구 즉산이 마루 끝에 선 돌놈의 모친을 쳐다보며,

구 즉산 "내가 저놈에게 속았구나. 오냐, 아무 일도 없으면 다행이다. 그러나 내가 점심상을 받고 앉았다가 무슨 급한 일이 있어서 부르는 줄로 알고 밥도 아니 먹고 나왔으니, 도로 가서 점심이나 먹고 다시 오겠다."

하며 돌아서니,

구 과부 "가시지 말고 이리 올라오시오. 점심을 아직 아니 잡수셨거든 술 사 드리리다."

구 즉산 "술? 네가 무슨 돈이 있어서 술을 사 와?"

구 과부 "돈은 있든지 없든지 술만 사 올 터이니, 방에로 들어가십시다."

구 즉산 "어 —— 이것 술것 사 오려는 것이로구. 연기원이 순력을 치르듯이, 네 형세에 주객의 양을 채우려다가 뽕빠질라."

구 과부 "사람을 그렇게 업신여긴단 말이오? 아무리 가난하기로 오라버니께 술 한 번 사 드리고 뽕이 빠진단 말씀이오."

구 즉산 "큰소리는 한다마는, 저녁밥거리 쌀 판 돈으로 술 사 오면 밥 굶지. 오냐, 술 사 준다는 말이 고마우니 오늘은 술 잔뜩 먹고, 너 밥 굶는 것 좀 보고 가겠다."

하며 안방에 들어가다가 서숙자를 보고 발을 멈춘다.

구 과부 "내외하는 손님이 있으면, 오라버니께 들어갑시다 할 리가 있소? 사돈은 사돈이나, 내외 아니 하는 사돈이니 들어가서 인사나 하시오. 돌놈의 일가인데, 돌놈에게는 누님뻘 되는 손님이오."

구 즉산이 그 소리를 듣고 머뭇머뭇하다가 방에 들어서는데, 키가 과히 큰 키는 아니나 몸에 살이 어찌 쪘던지 지게문이 부듯한 듯하고, 얼굴은 풍후하고 수염은 센 털이 약간 섞인 채수염이라.

아랫목에 깐 요 위에 털썩 앉더니 수염을 썩썩 쓰다듬으며 눈에 웃음빛을 띠고 덕기 있는 말만 하는데, 누가 보든지 밉지 않게 볼 사람이라.

구 즉산 "오늘 돌놈에게 속았더니 돌놈 어미에게 또 속나 보다."

구 과부 "내게 속는 것이 무엇이오?"

구 즉산 "술을 사 준다더니 술 사러 보내는 눈치를 못 보겠으니 아마 또 속지."

구 과부 "속으시기로 탕패*될 것 무엇 있소? 손님 인사나 하시오. 저 손님은 평양 살으시는 돌놈 아버지가 평양 출주하여 있을 때에 친한 일가라. 지금 서울로 이사할 생각이 있어서 나를 찾아왔으나, 내가 들어앉은 여편네가 되어서 무엇을 알 수가 있소? 오라버니께서 나 대신 저 댁의 일을 좀 보아 주셨으면 좋겠소."

구 즉산 "평양 살으시면 부내에 계십니까, 촌에 살으십니까?"

서숙자 "제 성명은 서숙자요, 집은 평양 성내에 있습니다."

---

* 탕패(蕩敗) 죄다 없애 버리는 것.

구 즉산 "내 누이더러 보아 달라시는 일은 무슨 일이오?"

서숙자 "서울은 아는 사람이 하나도 없는 고로 일가댁에로 찾아온 길인데, 무슨 일을 지목하여 보아 줍시사 한 것은 없으나, 매사를 부모같이 믿고 의거할 마음으로 온 터이올시다."

구 즉산 "처음 뵈옵는 터에 물을 말은 아니오마는, 서울로 이사를 하시면 지내시는 범절은……."

서숙자 "넉넉지는 못하나 추숫섬이나 하여다가 먹고 살만 합니다."

구 즉산 "그러면 서울 집만 하나 사면 되겠소구려?"

서숙자 "네. 집 살 돈까지 제일은행에 맡겼습니다."

구 즉산 "식구는 몇이나 되고, 집은 몇 칸이나 되는 집을 살 터이오?"

서숙자 "식구는 혼자 사는 사람인데, 지금은 친정 동생에게 의지하며 있다가, 마음에 맞지 못한 일이 있는 고로 집을 사서 따로 살려고 나온 터이올시다. 나는 어디서 가서 살든지, 부리는 하인 하나만 두고 단 두 식구가 적적히 세월을 보낼 터인 고로, 일가댁 근처에 와서 있으면 좋을 듯한 생각이 있어서 서 부령 댁 아주머니를 찾아왔습니다. 내 마음에는 넉넉한 집 하나를 사서, 이 댁 아주머니는 안채에 들으시고, 나는 사랑채에 들어 있으면 피차에 고적하기도 덜할 듯하나, 아주머니 생각이 어떠할는지 몰라서 차마 말을 못하였습니다. 만일 그렇게 지낼 터이면, 내가 돈은 없는 사람이나 먹고 남는 추숫섬은 있으니, 아주머니 댁 양식은 걱정 아니 되도록 보조하여 드리겠습니다. 내가 이 세상에 살아 있을 때에 먹고 입고 지내면 그만이지, 내가 그것을 푼푼이 모아 두었다가 죽을 때에 저승으로 가지고 가겠습니까? 구 즉산 영감께는 오늘 처음 뵈옵는 터이나 내 친외삼촌같이 알고 뵈오니, 영감께서도 남같이 알으시지 말고, 저 아주머니 딸로 알고 매사를 잘 보아 주시기를 바랍니다."

구 즉산은 본래 의기가 있는 사람이라, 서숙자의 말을 듣고 무슨 생

각을 하는지 한참 동안을 가만히 앉았다가, 허리를 썩 펴고 고개를 들어서 서숙자의 얼굴을 쳐다보며,

구 즉산 "말씀을 들으니 대강 정경을 알겠소. 내 힘대로 보아 드리리다. 간살 넉넉한 집을 사서 내 누이와 안팎채에 나누어 들면 좋겠다 하시는 말은 내 마음에도 좋을 듯하오. 내 누이 마음에도 좋아할 것 같으면 집 값은 반씩 내는 일이 옳으니, 무슨 돈으로 먼저 사든지 이 집을 팔아서 반을 내어놓았다가 돈이 부족할 터이면 내가 채우리다. 또 내 누이 집 양식까지 대어 주신다는 말씀은 고마운 일이나, 그러나 내가 거절할 일이오. 내가 살아 있는데, 남의 손에 얻어먹고 살아서 쓰겠소? 내 자식놈이 칠팔 년 전부터 외국 가서 유학하는데, 그놈이 가기는 혼자 갔으나, 학비는 두 사람의 학비를 대어 보내느라고 힘이 대단히 쓰이더니 재작년 가을부터는 하나의 학비는 아니 보내는 터이라. 그것이 얼마 되는 것 아니지마는 내게 당하여서는 짐이 거분(가뿐)하거든. 허허허, 어떠하든지 설마 과부된 누이와 아비 없는 생질을 모르는 체하고 홀로 살으시는 서숙자 씨에게 얻어먹고 살게 하겠소? 일가간에 의좋고 고적지 아니하게 지내기만 바라오. 그러나 평양 살으신다 하니 물어 볼 일이 있소. 평양 성내에 옥련이라 하는 여학생이 있단 말을 혹 들었소?"

서숙자가 쌩긋 웃으며 무슨 말을 하려 하던 차에 마침 지게문이 펄썩 열리며 돌놈의 맏누이 갑순이가 술상을 들고 들어오는 것을 보고,

서숙자 "에그, 말씀 대답을 하려 하였더니, 저렇게 다 자란 처녀 귀에 옥련의 이야기를 하였다가 일갓집 색시 하나 버리게."
하며 말을 아니 한다.

구 즉산이 그 말을 듣고 마음이 선뜩하며 가슴이 두근두근 하는데, 궁금증이 나서 말을 채쳐 묻고 싶으나, 너무 급히 물으면 서숙자가 이상히 여길까 염려도 되고, 또 갑순의 귀에 들리기 부지러운 말이면 갑

순이가 나간 후에 말을 묻는 것이 좋을 듯한 생각이 들어서 시치미를 뚝 떼고,

　　구 즉산 "점심을 먹고 왔던들 낭패할 뻔하였구나. 술 사러 보내는 눈치도 못 보았는데 웬 안주를 저렇게 떡 벌어지게 잘 차렸단 말이냐? 옳지, 이제 알겠다. 행랑것이 들락날락하고, 갑순이가 왔다갔다하더니 무엇을 미리 사 놓고 돌놈이를 보낸 것이로구나. 내일은 밥상 받기 전에 돌놈이를 보내어라. 어, 이것 무슨 수 난 일이 있는 것이로구. 내 술상만 들어오는 줄 알았더니 집안 식구의 국수상…… 어느 틈에 잘 차렸구나!"

하면서 옥련의 말은 묻지 아니할 듯이 딴소리만 하며 자기 손으로 술을 따라 먹다가 갑순이를 쳐다보며,

　　구 즉산 "국수는 불으면 맛이 없느니라. 너희들이 상을 외면하고 앉았으니 손님이 잡수시겠느냐?"

그렇게 재촉하는 것은 점심이 얼른 끝이 나면 갑순이도 나가고 아이들이 다 나갈 터이라, 조용히 앉아서 숙자의 속을 뽑아 보려는 경영이라.

여러 아이들은 모처럼 숙육점도 있고 전유화, 전웃점 놓인 국수상을 대하더니 흥부의 자식 밥먹듯이 잠시 동안에 그릇마다 비워 놓는데, 갑순이가 할 설거지까지 다 하여 놓은 듯이 어느 아이는 초지령 종자까지 들이마시더니 기러기 떼같이 몰려 나가고 갑순이 혼자 방에 앉았거늘, 구 즉산이 주전자에 남은 술을 잔에 따르고 빈 주전자를 집어 갑순에게 주며,

　　구 즉산 "갑순아, 술 한 주전자만 더 데워 오고 너도 밖에 나가 있거라. 아이들이 어른의 이야기하는 옆에 우두커니 앉았지 아니하느니라."

갑순이가 술 한 주전자를 얼른 데워다 놓고 문 밖으로 나간다.

구 즉산이 서숙자에게 옥련의 말을 묻고 싶으나, 아무쪼록 얼기* 없이 말을 냅뜰 마음으로 술 한 잔을 따르더니,

구 즉산 "이애 돌놈 엄마, 너 술 한 잔 먹고 손님께도 한 잔 따라 드려라. 벌써부터 한 잔 권하고 싶으나 아이들 보는 데 아니 권하려고 참았다. 술은 혼자 먹으면 참 맛이 없는 것이라. 이왕 술을 사서 주는 바에 맛이 있게 먹도록 하여 주어야지. 자, 어서 받아 먹어라."

구 과부 "에그, 오라버니도 망령이오. 내가 밀밭에도 못 지나가는 사람이 술을 어찌 먹겠소? 돌놈 아버지 살았을 때에 우리더러 욕하던 말을 못 생각하시오?"

구 즉산 "……."

구 과부 "무엇은 무엇이야? 오라버니와 나와 한 아비 자식이 아니라 하였지."

구 즉산 "허허허, 상없는 소리를 하는구나. 네가 술을 조금 먹었더면 네 남편에게 그런 욕을 아니 먹었지. 네가 못 먹는다고 손님께도 아니 권하느냐?"

구 과부 "에그, 내가 참 잊었소구려. 술 못 먹는 사람은 남에게 권할 줄도 모른다 하더니……. 그러나, 오라버니께서 이 술이 웬 술인지나 알고 잡수시오. 손님이 돈을 내어서 술도 사 오고 점심상도 차린 것이오. 그뿐 아니라 내가 돈을 백 원이나 받고 아이들의 옷감도 받은 것이 많으니 그런 고마운 일이 어디 있소? 항렬은 내게 조카가 되나 나는 동생같이 여기니, 오라버니께서도 동생같이 알으시오. 여보 조카님, 조카님도 우리 오라버니를 친오라버니같이 알고 지내시기를 바라오."

서숙자 "말씀을 하시니 말씀이올시다. 나를 갑순의 친형으로 알으시

---

* 얼기 얽이. 일의 순서나 배치를 대강 잡아 보는 일.

고 생질녀같이 알아 주시면, 나는 친외삼촌으로 알고 의지하여 살겠습니다."

구 즉산 "나는 술을 먹으면서 웬 술인지 모르고 먹었더니 손님이 술을 사 오셨다 하니, 내가 손님 대접을 할 터인데 손님이 술을 사 오신단 말이 되는 말이냐? 술도 술이거니와, 네가 돈을 백 원이나 받았다 하니 손님이 무슨 까닭으로 돈을 주시며, 너는 무슨 턱으로 돈을 받았느냐?"

서숙자 "변변치 못한 돈냥간의 말씀은 하실 것이 아니올시다. 나는 아주머니를 일가 어른으로 알지 아니하고 우리 어머니같이 아는 터이니, 어머니의 친정은 내 외가이 아니오니까? 그러나 나를 그렇게 알아 주실는지 말씀마다 손님이라 하시니 마음에 섭섭하고 야속합니다."

구 즉산 "허허허, 좋은 말씀이로구. 사해지내가 다 동포라 하니, 형제라 하면 좋을 터인데, 외삼촌 노릇을 하라 하니 세상 사람이 외가를 대단히 알아야지, 허허허."

서숙자 "갑순의 형으로 알아 주실 것 같으면 말씀을 그렇게 하실 리가 있습니까?"

구 즉산 "허허허, 다정한 말이로구. 나도 평생에 의리를 중하게 여기는 사람이라. 한 번 마음을 허락하면 평생에 변하지 아니하지. 그러나 시집간 생질녀를 부르려면 그 남편의 성으로 부르는데……."

서숙자 "남편이 있으면 남편의 성으로 부르시는 것이 좋을 터이나, 혼자 사는 터이니 서숙자라고 불러 줍시오."

구 즉산 "이애 돌놈 엄마, 내가 서숙자의 외삼촌이 될 터이면 네가 먼저 서숙자의 어머니 행세를 하여야지."

구 과부 "오라버니는 너무 염치도 없소. 갑순이라도 시집을 가면 이름을 아니 부르실 터인데, 나이 삼십이 가까운 생질녀더러 서숙자라 부르실 수야 있소?"

구 즉산 "나는 서가를 보면 만만하더라. 서숙자라 불러야 생질 같지, 김숙자라 하든지 박숙자라 하든지 달리 부르면 촌수가 멀어지는 것 같구나. 허허허, 실없는 말로 한 것이 아니라 이름을 부르고 해라를 하든지 말을 수수하게 하고 지내든지 마음이 제일이라. 친형제간 불목한* 사람도 있고, 도원 결의한 의형제도 한날 한시에 죽으려는 마음이 있었으니, 우리가 숙질의를 믿거든 도원 결의하던 사람의 마음만은 못하더라도 친숙질같이만 알았으면 좋겠다. 자, 그 말은 더할 것 없다. 평양 이야기나 좀 들어 보자. 아까 말하다가 그쳤지마는, 평양의 옥련이라 하는 여학생은 칭찬하는 사람도 많이 있고 헐어 말하는 사람도 있으니 뉘 말이 옳은지 아는 대로 이야기 좀 하여라."

서숙자가 상긋상긋 웃으며,

서숙자 "옥련의 이야기를 하려면, 내 집안의 흉이 드러나는걸."

구 즉산 "이상한 말이로구. 옥련의 이야기를 하려면, 내 집안 흉이 드러나다니."

서숙자 "그러한 일이 있습니다. 긴한 말은 아니니 천천히 들으시지요. 내가 서울 와서 살면, 아저씨 뫼시고 시골 이야기는 많이 하겠습니다. 그러나 옥련의 이야기는 어른 앞에서 말씀하기 좀 어려운 일이 있어요. 아저씨께서 그런 계집아이 말씀은 들어 무엇 하십니까?"

구 즉산은 그 말을 듣고 생각한즉, 옥련이는 정녕 온전치 못한 계집아이라 갑갑증이 나서,

구 즉산 "내가 옥련의 말을 물어 볼 일이 있어서 물었는데, 그렇게 말하기 어려워할 것이 무엇이란 말이냐. 참 외삼촌으로 알 터이면, 그보다 더한 말을 묻더라도 얼른 대답할 터인데."

---

*불목(不睦)하다 사이가 서로 좋지 않다.

서숙자 "그렇게 미안히 여기실 줄 알았으면 벌써 말씀하였지요. 내가 옥련의 말하기를 어려워하는 것이 아니라. 내 동생 서일순이가 옥련에게 빠져서 패가할 지경에 간 이야기를 하려면 책 한 권을 지어도 말이 남을 터이올시다. 내가 서울로 이사하려는 것도 서일순의 몸 망하는 것을 내 눈으로 보기가 싫어서 평양을 떠나려는 것이올시다. 옥련의 이야기를 좀 들어 보시렵니까? 인물이 일색이요, 재조가 표일한 중에 동양으로 다니며 본 것도 많고, 들은 것도 많고, 실지 공부로 보통 교육도 받고 고등 교육까지 받은 계집아이라. 이름이 어찌 널리 났던지 평양 바닥의 오입하는 소년들은 아홉 용이 여의주 다투듯이 옥련이 하나를 엿보는데, 그 요악한 옥련이가 가장 높은 절개나 있는 듯이 방탕한 사람은 사람으로 여기지 아니하고 항상 하는 말이, 자기는 미국 있을 때에 혼인 정한 곳이 있는데, 십 년간이나 서로 언약을 지키고 있을 터이라, 하는 고로 누가 옥련이를 칭찬 아니 하는 사람이 없던 터이라, 서일순이를 삿갓 씌울 줄을 누가 꿈이나 꾸었겠소. 옥련의 부친되는 김관일이도 고이한 놈이요, 김관일의 마누라도 요악한 여편네이지. 딸을 팔아먹기로 그렇게 팔아먹는 사람이 어디 있으며, 남의 집 젊은 아이의 돈을 받아 먹기로 그렇게 몹시 받아 먹는 사람이 어디 있습니까? 이야기는 차차 하려니와, 옥련의 사진 좀 보시렵니까?"

하더니 행장 속에서 사진 한 장을 내어놓으니, 구 즉산의 눈과 구 과부의 눈동자가 사진으로 몰렸는데, 그 사진은 서일순의 집 초당 앞에서 세 사람이 같이 박인 사진이라.

교의들을 놓고 여편네들이 나란히 걸터앉았는데 왼편에는 서숙자요, 오른쪽에는 옥련이요, 옥련의 뒤에 선 것은 서일순인데, 초당 앞 꽃나무 밑에서 박인 사진이라.

그 사진 박일 때에 옥련이는 천진의 마음으로 서숙자의 권하는 마음을 어기지 못하여 박인 것이나, 구 즉산의 눈에는 옥련의 행실 부정한 증거물같이 보는 터이라.

　　구 즉산 "오, 그렇단 말이었다. 이애 돌놈아, 너 우리 집에 가서 너의 아주머니더러 미국서 온 사진 달라 하여서 가지고 얼른 오너라. 그러나 저놈이 오늘 심부름을 하고 심부름 값으로 신을 얻어 신을 터이라지? 나는 아이들 심부름 삯은 아니 주고 심부름 잘못하는 놈의 종아리는 잘 때린다."

　　돌놈이는 그 날 흥이 난 끝이라 쏜살같이 다녀오더니, 사진을 들고 방으로 뛰어들어오며,

　　돌놈 "평양 누님, 요 어여쁜 사진 하나 구경하려오. 이 사진이 즉산댁 새아주머니 될 사람의 사진이오."

　　서숙자 "이리 다고, 구경 좀 하자."

　　돌놈 "즉산댁 영감님과 둘이 박은 사진도 있고, 새아주머니 될 사람 혼자 박은 사진도 있소. 호콩을 많이 사 와야 이 사진 구경하오."

　　서숙자 "호콩이 어떤 콩이냐? 내 사 줄 터이니 어서 사진 내어놓아라."

　　돌놈이는 과부의 자식으로 응석만 받고 자라는 아이라.

　　서숙자 앞에 웬 사진 한 장 놓인 것을 보고 펄썩 주저앉더니 손가락으로 서숙자의 사진을 가리키며,

　　"요것은 평양 누님, 요것은 즉산댁 새아주머니 될 사람이요, 새아주머니 등 뒤로 꼭 붙어 선 놈이 웬 놈이야. 머리 깎은 중녀석이 즉산댁 새아주머니 등 뒤에 섰네, 하하하."

웃으면서 구 즉산 집에서 가져온 사진을 던지고 문 밖으로 뛰어나간다.

　　그 사진은 구 즉산의 아들 구완서가 미국에서 보낸 사진인데, 구완서의 사진도 십여 장이요, 옥련의 사진도 칠팔 장이라.

서숙자가 장성한 옥련의 모양은 보았으나, 어린 옥련의 모양은 못 본 터이라.

옥련의 열한 살부터 열일곱 살까지 미국에 있을 때에 연년이 박인 사진인데, 옥련이는 그 사진을 보존하여 둔 것이 하나도 없으나, 구완서는 그 사진을 낱낱이 보존하여 두었다가, 옥련이가 고향에 돌아간 뒤에 구완서가 그 사진을 자기 본집에 보낸 것이라.

구 즉산의 이름은 구연식인데, 즉산은 직함이라. 차함*하던 옛시절에 원차함을 얻어하고 큰 공명으로 아는 완고라.

구완서는 구연식의 아들인데, 아비는 완고요, 아들은 개화 극 정도에 이른 사람이라.

대체 구연식이 같은 완고가 구완서같이 개화한 아들의 말을 듣는 것은 마음에 좋아서 듣는 것이 아니라, 삼대 독자 귀애하는 자정에 응석받듯이 듣는 터이라.

서울서 배고픈 양반 중에 과년한 딸을 두고 구혼하는 사람들이, 구연식이가 재산도 있고 아들도 두었다는 소문을 듣고 구 즉산 집으로 중매를 보내서 혼인 언론하는 사람도 많이 있는데, 그 언론하는 중에 구 즉산이 앙혼*으로 알고 얼른 허락하고 싶은 곳도 혹 있으나, 그 아들이 몇 만 리 밖에 있어서 돌아올 기약은 묘연한 중에, 수 년 전에 그 아들의 편지를 본즉 옥련이와 혼인 언약을 맺었다 하는지라.

그 때 구 즉산은 마음에는 서울 친구의 집과 혼인을 지내고 싶으나, 그 아들의 뜻을 빼앗지 못할 줄을 알고, 내외간에 무수히 의논한 후에 승낙하는 편지 답장을 하여 보낸 것이 있는지라.

그러나 구 즉산 내외의 마음에는, 옥련이 같은 며느리 마음은 선떡*

---

* **차함**(借銜) 실제로 근무하지 않으면서 이름만을 빌리던 벼슬.
* **앙혼**(仰婚) 지체가 낮은 사람이 자기보다 지체가 높은 사람과 결혼하는 것.
* **선떡** 잘 익지 않은 떡.

받은 것같이 알던 터이라. 구 즉산이 서숙자에게 옥련의 자세한 일을 얻어듣고, 서숙자더러 전후 사정의 이야기를 다 하려고 옥련의 사진을 가져온 것이라.

구 즉산이 그 아들의 미국 갈 때의 일부터 이야기를 하다가 말을 그치고 돌놈이를 부르더니, 두어 자 편지를 써 주어서 자기 집에 심부름을 시키고 하던 말을 다시 시작한다.

돌놈이가 심부름 간 지 이십 분 동안이 못 되었는데, 웬 신교 탄 부인이 안마당까지 타고 들어와서 마루 끝에서 내리는데, 구 과부가 마루로 뛰어나가더니 웬 첨을 그리 하는지, 형님 소리를 열 번을 하는지 스무 번을 하는지 헛웃음을 웃으면서 허둥지둥하는 모양이 별 손님이나 온 듯이 친절히 맞아들이는 것은 구 즉산의 부인이라.

앞머리는 희뜩희뜩 세고, 이마전은 훨쩍 넓고, 얼굴은 둥글고, 앞니는 조금 버드러지고, 말할 때는 눈에 웃음빛을 띠었는데, 외면을 잠깐 보아도 옹색치 아니한 여편네요, 조금 수다한 듯한 여편네라. 방으로 들어오며,

부인 "오늘 돌놈이가 우리 집에 세 번이나 왔는데, 처음에는 즉산댁 아저씨를 여쭈러 왔다 하고, 그 다음에는 즉산 새아주머니 될 사람의 사진을 가지러 왔다 하고, 이번에는 즉산댁 아주머니를 부르러 왔다 하니 오늘 무슨 일이 있었소?"

구 과부 "차차 말씀할 터이니 어서 아랫목으로 가서 앉으시오."

부인이 사양치 아니하고 아랫목으로 가서 앉으며,

부인 "돌놈의 말에 손님이 오셨다 하니 손님 대접하시는 덕에 나도 좀 잘 얻어먹으러 왔는데 무엇을 주시려누?"

구 과부 "손님 대접은 고사하고, 손님에게 얻어먹은 이야기를 하려면……."

부인 "염치도 없소. 손님 대접은 아니 하고 손님에게 얻어먹다니, 어

서 이야기 좀 하오."

구 과부 "다른 이야기는 천천히 할 터이니 손님과 인사나 하시고, 형님이 항상 알려고 하시던 평양 사돈집 이야기나 자세히 들으시오."

부인이 그 말을 듣더니 신부의 선이나 보러 온 사람을 맞는 듯이 인사 한 마디 한 후에, 옥련의 말을 두서 없이 물으니, 구 즉산이 떡국이 농간하여 서숙자에게 친절한 체를 하느라고,

구 즉산 "내가 마누라더러 급히 오라 한 것은, 그런 말 하려고 부른 것이 아니오."

부인 "그러면 무슨 일로 부르셨소?"

구 즉산 "생질녀 하나이 더 생겼기로, 어서 바삐 만나 보고 우리 집으로 데리고 가서 외국 구경이나 시키고 대접이나 잘하라고 불렀소."

부인 "생질녀라니."

구 즉산 "······."

부인 "그러면 나도 아주머니 노릇이나 하여 볼까? 여보게 생질녀, 하하하."

구 즉산 "나는 저렇게 단정히 말할 수가 없더니······."

부인 "초면에 허게 한다고 책망하는 말인가 보마는, 생질녀더러 허우 하는 법이 어디 있어? 그러면 갑순이더러도 허우 하란 말이지."

서숙자 "즉산댁 아주머니 말씀이 옳은 말씀이올시다. 부령댁 아주머니는 나더러 조카님 하시면서 허우를 하시니 적조카를 보더라도 그렇게 공손할 것은 없습니다."

부인 "부령댁 아주머니는 정없는 아주머니요, 즉산댁 아주머니가 다정한 아주머니니 우리 집으로 가세, 하하하. 농담이 아니라 참 우리 집으로 가세. 서울로 이사하러 왔다 하니 집 사기 전에는 내 집에 같이 있게. 이 댁에는 집도 좁고 여러 아이들이 법석을 하는 터에 불편한 일이 많을 터이나, 내 집에는 아이들도 없고 집도 과히 좁지 아니

하고 부리는 종도 두엇 있으니, 모처럼 온 생질녀 하나 대접하기는 어렵지 아니한 터일세. 두말 말고 내 집으로 가서 집 구경이나 하세."

구 즉산이 그 소리를 듣고 허허 웃으며,

구 즉산 "마누라도 수단이 대단한 사람이야. 숙자가 만일 마누라의 마음을 알 지경이면 아니 따라갈걸."

서숙자가 어리광을 피우듯이,

서숙자 "아저씨, 그것이 무슨 말씀이오. 나는 그 말을 자세히 알고 갈 터이야."

구 즉산 "허허허, 마누라의 흉을 좀 볼까?"

부인 "남편이라고 믿을 수 있소. 있는 허물도 감추어 주실 터인데, 없는 흉을 보시려고?"

구 즉산 "점잖은 터에 없는 말을 할 리가 없지. 마누라가 외아들을 기를 때에 딸 하나만 더 있었으면 고적치 아니하겠다 하면서 완서를 귀애하더니, 그 금옥같이 알던 외아들이 미국으로 도망한 후에 고적한 마음을 이기지 못하여 실성할 지경에 숙자를 만나 보고 딸이나 삼을 욕심으로 데리고 가려는 모양이니, 숙자야 속지 마라. 너의 외숙모가 욕심꾸러기다, 허허허."

부인 "믿는 나무에 곰이 핀다더니 방망이는 왜 들으시오? 서숙자가 내 딸 노릇을 하기로 영감께 해로운 것이 무엇이오? 여보, 돌놈 어머니, 돌놈 어머니는 딸이 셋이나 되지. 서숙자는 내게 양녀로 보내 주시오."

하면서 능갈친* 소리를 하는 것은 서숙자를 데리고 자기 집에 가서 옥련의 소문을 자세히 들으려는 경영이라.

본래 서숙자의 경영은 구 즉산의 매씨를 잘 사귄 후에 옥련의 험언을

---

* 능갈치다 교묘한 방법으로 잘 둘러대는 재주가 있다.

하려 하였더니, 일이 쉽게 되느라고 구 즉산의 내외를 직접으로 만나 보고 또 기회 좋게 옥련의 험언을 하였는데, 옥련의 험언하는 서숙자가 애를 쓰는 것이 아니라, 옥련의 험언을 듣고자 하는 구 즉산의 내외가 애를 무척 쓴다.

남에게 속거든 천진으로 속았으면 좋으련마는, 서숙자를 생질녀이니 딸이니 하며 자기 집으로 데리고 가서 시집갔던 딸이 근친이나 온 듯이 정답게 구는데, 서숙자는 본래 남더러 형이니 아우니 아주머니 조카 니 하며 요악을 잘 부리던 계집이라. 서 부령 집에서 외삼촌이니 외숙 모니 하던 사람더러 새로이 어머니, 아버지 하며 철없는 아이같이 말을 함부로 하기도 하고, 소갈머리 없는 소리도 잘하는 것은 그것도 서숙자 의 깊은 꾀라.

그 날 밤에는 구 즉산의 내외가 옥련의 말을 듣지도 아니하고 건넌방 을 정하게 치워서 서숙자를 재우고, 구 즉산은 밤들도록 안방에서 그 부인과 의논이 불운하더니*, 밤 한 시 친 후에 구 즉산이 사랑으로 가는 데 세 사람이 있기는 각 방에 있으나, 우연히 잠이 덧들어 나서 그 날 밤에 잠을 잘 못 자기는 세 사람이 일반이라.

그 이튿날은 구 즉산이 아침 식후에 어디 출입을 하더니, 날이 저문 후에 술 취하여 돌아와서 안방에는 들어오지도 아니하고 사랑에서 일 찍 자는데, 부인도 서숙자더러 옥련의 말을 묻지 아니하였더라.

서숙자가 구 즉산 집에 간 지 사흘 만에 구 즉산이 부인과 같이 안방 에 앉고 서숙자를 부르더니, 무슨 잔치나 하는 듯이 음식을 차려 놓고 오찬을 먹으면서,

구 즉산 "이애 숙자야, 내 집에 경사가 났다. 오늘은 술 한 잔 아니 먹을 수 없어서 안주를 장만하였는데, 이 술은 네 손으로 따라 주어

* **불운하다** 여러 사람의 의견이 일치하지 않아 이러니저러니 떠들썩하다.

야 맛이 있게 먹겠다."

서숙자가 술을 따라서 구 즉산 앞에 놓으며,

서숙자 "무슨 경사가 있습니까?"

구 즉산 "하마터면 집이 망할 것을 네 덕에 아니 망하였으니, 내 집에는 그런 경사가 없다."

서숙자 "집이 망할 것을 내 덕에 아니 망하였다는 말씀이 무슨 말씀인지 모르겠습니다."

구 즉산 "그러한 일이 있지. 술이나 어서 부어라. 한 잔 더 먹고 자세한 말을 하겠다. 여보 마누라, 숙자가 우리 집에 은인이 아니오?"

부인 "글쎄요, 숙자를 못 만났더면 옥련의 행실을 까맣게 모를 뻔하였소구려. 내가 완서를 배었을 때에 음식을 먹어도 바로 베인 것을 먹었고, 자리에 앉아도 바로 놓인 자리에 앉았고, 눈에 괴악한 것을 보지 않고 귀에 음란한 소리를 듣지 아니하였는데, 뼛속에 있을 때부터 가르친 자식을 길러서, 만일 옥련이같이 못된 계집아이년에게 장가를 들 지경이면 내가 애통이 터져 죽을 터이오. 에그, 그 생각을 하면 소름이 죽죽 끼치지. 그런 괴악한 계집아이년과 내 아들과 혼인을 정하다니, 다시 그런 소리를 입에 옮기기도 싫소. 오늘이라도 완서에게 편지도 부치고, 김관일인지 무엇인지 그 자에게 파혼한다는 기별을 하시오. 영감은 먼저 하실 일을 나중 하십디다. 어제 출입하신 것은 완서의 혼인 말하던 곳에 가서 완정한 언약을 하셨다 하니, 옥련인지 잡년인지 그년에게 파약을 먼저 하셔야지."

구 즉산은 두서없이 일을 하다가, 그 부인의 말을 듣고 생각하니, 그 말이 옳기는 옳으나 무안한 마음에 군색한 발명으로 헛 큰소리가 나온다.

구 즉산 "편지, 편지, 완서에게 편지? 혼인을 정하더라도 내 마음으로 정하고, 파혼을 하더라도 내 마음으로 할 일이지, 완서에게 편지는 할 것 무엇 있나? 어렸을 때에 응석은 받으려니와, 장성한 자식이 아비 말을 아니 들어? 그 자식이 당초에 미국 갈 때에 부모의 허락 없이 가는 것이 사람 못 될 놈. 기왕 간 것을 학비를 아니 보내 주면 만리 타국에서 굶어 죽을 터인 고로 학비를 보냈으니 내가 아비된 도리는 극진히 하였는데, 그 자식이 그 아비 뜻을 받지 아니하고 무슨 일을 제 마음대로 하여? 내가 당초에 옥련의 학비까지 보조하여 줄 일이 아니나, 내 자식을 귀애하는 마음에 남의 자식까지 불쌍한 생각도 들고, 또 철없는 아이들이 언어를 통치 못하는 외국에 가서 옥련이는 완서에게 의지하고, 완서는 옥련에게 의지하여 있는 것이 다행한 일인 고로 두 아이가 고생 아니 하도록 돈을 보내 준 것이라. 완서로 말할진대, 소위 양반의 자식이 가정 교육을 배치하는 자식이라. 재작년 팔월에 옥련이가 제 고장에 돌아갈 때에 여비나 넉넉히 주어 보낼 뿐인데, 저희끼리 혼인을 정하였다고, 아비에게 고 따위 편지를 하다니! 어, 생각할수록 그 자식의 응석을 그대로 받다가는 집을 망하지. 자유 결혼이란 것이 무엇인고? 그런 소리는 처음부터 내 귀에 거슬리나, 그러나 몇 해 동안에 완서의 편지를 볼 때마다 옥련이를 기리는 말만 얻어 들었는지라, 내 마음에 옥련이는 재조도 있고, 덕의심도 있고, 절개도 높은 계집아이인데, 그 중에 학문이 고명하여 조선 부인 사회에서 본받을 만한 계집아인 줄로 안 것이다. 완서의 편지를 믿은 터이라. 어, 자식이 그럴 줄은 몰랐지. 아비를 속였으면 불효자요, 제가 속았으면 그런 흐린 자식이 어디 있어? 그러나 그 자식이 부모에게 불효할 자식은 아니라, 제가 그릇 보았지. 여보 마누라, 자식 둔 사람은 걱정이 끊어질 때가 없소구려. 내 자식은 믿으나 세상은 믿을 수가 없는 터이라, 믿지 못할 세상에 자식이 문 밖에만 나가도 걱정이 될 터인데, 나는 자식을 육만 리 밖에 보내 놓고 마음을 놓을 수가 있소. 이후에는 제 말을 들을 리가 만무하니 걱정 마오. 나는 완서에게 편지도 할 것 없고 김관일의 집으로 혼인 파약한다는 통지만 할 터이니, 완서에게 알리고 싶거든 마누라나 편지를 부치시오."

본래 완고라 하는 것은 굳을 고(固)자이나, 구 즉산 같은 완고는 굳지 못한 완고이라, 개화꾼의 말을 들으면 그 말도 옳을 듯싶고, 완고 친구를 대하면 개화 좋다 하는 사람들은 버린 사람으로 돌리고, 고담 준론* 만 하는 중무 소주* 완고라.

삼 년 전에 그 아들이 옥련이와 혼인을 정하였다는 편지한 것을 본 후에, 친구에게 그 아들의 개화를 자랑하느라고 아들의 편지 본 이야기를 하다가, 친구의 반대를 만나서 잘 대답을 못 하고 자기 집에 돌아와서, 그 아들에게 편지 답장을 하되, 자기가 결단한 말은 없고, 친구가 반대하던 말뿐이라.

그 후에 구완서가 그 편지 답장을 하였는데 자유 결혼이 옳은 줄로 말할 뿐 아니라, 만일 옥련이와 혼인 파약을 할 지경이면 불교를 숭상하여 독신주의로 일평생을 보내는 것이 또한 가하다 한 일이 있었는지라.

구 즉산은 그 때 그 일을 다 잊었던지 부인은 그 일을 낱낱이 생각하는데, 부인의 생각에는 혼인 파약이 용이치 못할 줄로 알고 있는 고로, 옥련의 행실 부정한 것을 낱낱이 조사하여 그 아들에게 기별하려는 마음으로 서숙자를 자기 집으로 데려왔는데, 그 날은 옥련의 말을 물어 볼 차로 음식을 차려 놓고 서숙자를 불러 앉힌 터이라.

그러나 구 즉산은 황소같이 날뛰는 성정에 숙자에게 더 물어 볼 겨를 없이 일 조처를 다한 것같이 말하는지라.

부인이 그 남편의 뜻을 굳게 하느라고,

부인 "영감 말씀 한 마디면 그만이지, 집안에서 누가 어길 사람이 있

---

* 고담 준론(高談峻論) 뜻이 높고 바르며 엄숙하고 날카로운 말.
* 중무 소주(中無所主) 속에 일정한 주견이 없음.

겠소? 그러나 영감은 아들을 무서워하시는 터에 영감 마음대로 될는지?"

구 즉산의 얼굴이 벌개지며,

구 즉산 "아들을 무서워하다니, 아들 무서워하는 사람도 있나? 또 내 마음대로 못 된다는 말은 무슨 말이오?"

부인 "자식을 무서워한다 하면 말은 좀 상스러우나, 영감께서는 완서를 너무 무서워하십디다."

구 즉산 "내가 자식을 무서워하여, 허허허."

부인 "완서가 미국 갈 때에, 부모에게 알리지 아니하고 갔으나, 영감께서 걱정 한 마디 아니 하셨지요. 학비를 보내라 하면 제 학비나 보내 달라 할 것이지, 웬 계집아이 학비까지 보내 달라 하는 것은 저의 아버지를 무서워하는 자식 같으면 그런 소리가 나오겠소? 그러나 영감께서는 완서의 말을 어기지 못하시고 육칠 년 동안에 돈은 적게 보냈소? 돈은 얼마를 썼는지 그까짓 것을 교계하는 말은 아니오. 완서가 기탄 없이 자라난 자식이 되어서 장가를 들어도 제 마음대로 들려 하니 그런 변이 어디 있겠소? 지금 영감 말씀에 완서에게는 편지도 아니 하시고 파혼을 한다 하시나 내 마음에는 그 말이 믿음성 없소. 만일 완서가 그런 말을 듣고 고집을 부리면 어떻게 조처하실 터이오?"

구 즉산 "고집을 부릴 수도 없고 제 고집을 내가 받을 리도 없지."

부인 "말씀은 시원한 말씀이오마는, 완서가 고집을 아니 부릴 리도 없고, 영감께서 그 고집을 꺾지도 못하리라."

구 즉산 "두고 보면 알지."

부인 "글쎄, 두고 보면 알지요. 완서가 옥련이가 아니면 장가를 들지 아니하고 일평생에 불도나 숭상하겠다는 편지도 올 터이오. 영감이 그 편지를 보시면 절손할 수는 없으니 내버려 두겠다 하시는 소리도 날 터이니 두고 보시오."

구 즉산 "마누라도 험구야. 내가 자식의 말을 잘 들었기로 자식을 무서워한다는 말은 망발이지. 내가 완서의 혼인을 파약한다는 말은 믿음성이 없어서 나를 격동하는 말이지마는, 이런 일에 당하여서는 나를 격동시킬 것 없지. 또 완서로 말할지라도, 처음에 옥련의 행실이 그러할 줄은 모르고 정한 혼인이지, 그런 소문을 들으면 파혼하자는 말이 제 입에서 먼저 나올걸. 어떡하든지 마누라가 염려할 일은 아니오. 양반의 집에서 설마 그런 혼처를……."

부인 "영감께서 일 조처를 범연히 하실 리는 없지마는, 여편네 좁은 소견에 결례를 아니 한다 할 수가 없어서 말이오. 옛날 남원 부사의 아들 이 도령이 춘향에게 반하듯이 완서도 옥련에게 반한 모양이라. 에그, 춘향이가 욕보았다, 그 못된 옥련에게 비하여 말을 하였지. 대체 젊은 아이들이 계집에 반하면 제 정신을 잊어버리는 것이라. 살면 같이 살고, 죽어도 같이 죽으려는 마음이 있을 지경이면 혹 신명을 바치는 일이 있으니, 우리 완서가 꼭 그렇다는 것은 아니오마는, 의심도 나고 염려도 되오. 영감 말씀에는 완서가 옥련의 행실 부정한 것을 알면, 파혼하자는 말이 제 입에서 먼저 나온다 하시니 점잖은 말씀이오마는, 물정에는 소활하신 말씀이오. 남자가 계집에게 반할 지경이면, 그 계집의 행실이 어떠하든지 마음에 교계가 없나 봅니다. 기생 노릇을 하였든지 덥추* 노릇을 하였든지, 남의 첩으로 돌아다니며 사람의 등골을 빼었든지 얼굴만 어여쁘고 사람의 간장만 잘 녹이면 남자가 혹하는 것이라. 내 생각에는, 옥련이가 인물도 어여쁘고 마음이 요악하여 장부의 간장을 녹이는 위인이라. 그렇지 아니하면, 우리 완서가 그렇게 혹할 리가 없고, 숙자의 동생되는 서일순 씨가

---

* 덥추 노는 계집의 한 종류.

그렇게 반할 리가 없는 터이라. 요악한 계집에게 한 번 반하면 그 마음을 돌리기가 어려운 것이니, 그러한 정을 자세히 알으시고 일을 잘 조처하시는 것이 좋겠소."

구 즉산 "그러면 마누라 마음에 어찌하면 좋겠다는 말이오?"

부인 "파혼을 하더라도 완서가 옥련에게 혹한 마음을 돌릴 도리를 하는 것이 좋을 듯하니, 영감께서 내 말을 좇아 주실 것 같으면, 완서가 옥련이를 잊어버리게 할 도리가 있으니 내 말을 들으실 터이오?"

구 즉산 "허허허, 어진 아내가 있으면 집이 흥하는 법이라. 말을 듣다뿐이오. 이애 숙자야, 내가 여장군에게 졌다. 내 집의 참모총장이나 되어서 저 여장군을 잘 도와 주어라. 여보 마누라, 나는 술이나 먹고 사랑으로 나갈 터이니 숙자를 데리고 의논 잘 하시오."

부인 "의논을 어떻게 하든지 영감이 계셔야 말이 얼른 끝이 날 터이니, 나가시지 말고 옥련의 이야기나 더 들어 봅시다. 이애 수양딸아, 아버지 앞에서 옥련의 이야기나 좀 자세히 하여라. 대체 그것이 어떠하게 되었기로 사나이들이 그렇게 반한단 말이냐?"

부록

작가와 작품 스터디

● 이인직 (1862~1916)

 이인직은 이해조, 안국선 등과 더불어 고소설에서 근대 소설로 넘어가는 과도기적 형태인 신소설을 대표하는 작가로, 호는 국초이다. 경기도 이천에서 태어났으며, 1900년 구한국 정부의 관비 유학생으로 선발되어 일본 도쿄 정치 학교에서 공부했다. 러일 전쟁이 일어나자 일본 육군성 한국어 통역관으로 종군한 후 귀국했다.

1906년 〈국민 일보〉와 〈만세보〉의 주필을 지냈으며, 최초의 신소설 〈혈의 누〉를 〈만세보〉에 연재함으로써 본격적인 신소설 시대를 열었다. 이어 〈귀의 성〉 역시 〈만세보〉에 연재하였다. 1907년 〈만세보〉가 운영난에 빠지자 인수하여 〈대한 신문〉을 창간해 사장 자리에 앉았으며, 이완용의 비서도 겸했다. 꾸준한 창작 활동을 하는 동시에, 우리 나라에 신극을 들여오고자 노력하여 1908년에는 여러 차례 일본에 다녀왔다. 같은 해, 협률사 자리에 극장 원각사를 세우고 신소설 〈은세계〉를 각색하여 상연하는 등 신극 운동을 벌였으며, 이 곳에서 〈춘향가〉, 〈심청가〉, 〈흥부가〉 등의 창극을 상연하기도 했다.

이인직은 1910년 한일 합방이 조인될 때 이완용을 도왔으며, 다이쇼 천황 즉위식에 헌송문을 바치고 경학원 사성을 지내는 등 친일 행위를 하기도 했다. 그러나 우리 나라에서 처음으로 산문 문장을 구사하여 언문 일치의 문장으로 신소설을 개척한 공로는 매우 크다고 할 것이다. 이인직 작품의 중심이 되는 주제는 개화기의 시대적 상황을 반영한 개화 사상 고취가 주를 이루고 있다.

작품으로는 대표작인 〈혈의 누〉, 〈귀의 성〉, 〈은세계〉를 비롯하여, 〈치악산〉, 〈모란봉〉, 〈빈선랑의 일미인〉 등이 있다.

● **혈의 누** 〈혈의 누〉는 1906년 7월부터 50회에 걸쳐 〈만세보〉에 연재되었던 이인직의 대표적 신소설이다. 이야기의 발단은 청일 전쟁의 회오리바람이 막 지나간 어수선한 평양 시내를 배경으로 하여 펼쳐진다.

난리 중에 가족이 뿔뿔이 흩어져 고아가 된 일곱 살 난 여주인공 옥련은, 일본인 군의관의 양녀가 되어 일본에 건너가 소학교를 다니게 된다.

그러나 전쟁터에서 양아버지인 이노우에 군의관이 죽자, 양어머니는 자신의 발목을 잡고 있는 옥련이 미워져, 시간이 갈수록 점점 옥련을 구박하게 된다. 옥련은 결국 집을 도망쳐 나와 방황하던 중, 우연히 구완서를 만나 함께 미국으로 향한다.

그 후 학문에 힘써 옥련은 워싱턴에서 고등 학교를 일등으로 졸업하게 되는데, 이 기사가 신문에 실림으로써 10년 만에 극적으로 아버지와 상봉한다. 평양에 홀로 남아 있던 옥련의 어머니는 이 기쁜 소식을 전해 듣고 옥련을 만나게 될 생각으로 한껏 기대에 부풀어 있다.

● **모란봉** 〈모란봉〉은 〈혈의 누〉의 속편으로, 1913년 〈매일 신보〉에 연재되다가 미완성으로 끝나 아쉬움을 남기는 작품이다. 상편에 해당하는 〈혈의 누〉가 옥련의 10년간의 행적을 기술했다고 한다면, 〈모란봉〉은 그녀의 17세 이후, 즉 귀국한 뒤의 일을 기술하고 있다.

〈혈의 누〉에서 옥련은 아버지의 권유로 구완서와 장래를 약속하고 귀국 길에 오르는데, 그녀가 돌아온 후 사태는 미묘하게 진전되어 나간다. 옥련의 어머니가 물에 빠져 죽으려고 하는 것을 말린 서일순이라는 청년이 그녀에게 흑심을 품게 된 것이다. 서일순은 상당한 재력을 이용하여 옥련의 부모 마음을 돌려 자신의 편으로 만들고, 영악한 서숙자와 힘을 합하여 옥련과 결혼하기 위해 온갖 수단을 동원한다. 마지막에 가서는 옥련과 구완서를 파혼시키기 위해 구완서의 집으로까지 술수를 뻗친다.

이 작품은 전편인 〈혈의 누〉에 비해 상황 묘사와 사건의 진전이 훨씬 더 생동감 있고, 소설적인 재미가 있는 것이 특징이다.

논술 가이드

〈혈의 누〉의 두 대목입니다. 제시문을 읽고 다음 문제에 답하시오.

[문항 1]

> 어찌하여 그렇게 감정이 사나우냐 할 지경이면, 청인의 군사가 산에 가서 젊은 부녀를 보면 겁탈하고, 돈이 있으면 빼앗아 가고, 제게 쓸데없는 물건이라도 놀부의 심사같이 장난하니, 산에 피난 간 사람은 난리를 한층 겪는다. 그러므로 산에 피난 갔던 사람이 평양성으로 도로 피난 온 사람도 많이 있었더라.

> " (전략) 우리가 이 같은 문명한 세상에 나서 나라에 유익하고 사회에 명예 있는 큰 사업을 하자 하는 목적으로 만 리 타국에 와서 쇠공이를 갈아 바늘 만드는 성력을 가지고 공부하여 남과 같은 학문과 같은 지식이 나날이 달라 가는 이 때에 장가를 들어서 색계상에 정신을 허비하면 유지한 대장부가 아니라. 이애 옥련아, 그렇지 아니하냐?"

(1) 위의 두 대목은 각각 청나라와 미국에 대해 언급된 부분입니다. 이를 참고로 하여 작가가 두 나라에 대해 어떠한 생각을 품고 있는지를 짐작해 봅시다. 또, 글 속에서 일본을 바라보는 시각이 나타난 부분도 찾아봅시다.

----

(2) 다른 나라를 바라보는 위와 같은 시선이 어떠한 문제점을 가지고 있는지에 대한 자신의 생각을 자유롭게 말해 봅시다.

〈혈의 누〉의 두 대목입니다. 제시문을 읽고 다음 문제에 답하시오.
[문항 2]

> 제 정신 제가 차려서 우리 나라도 남의 나라와 같이 밝은 세상 되고 강한 나라 되어 백성된 우리들이 목숨도 보전하고 재물도 보전하고, 각도 선화당과 각도 동헌 위에 아귀 귀신 같은 산 염라 대왕과 산 터주도 못 오게 하고, (후략)

> 구씨의 목적은 공부를 힘써 하여 귀국한 뒤에 우리 나라를 독일국같이 연방도를 삼되, 일본과 만주를 한데 합하여 문명한 강국을 만들고자 하는 비스마르크 같은 마음이요, 옥련이는 공부를 힘써 하여 귀국한 뒤에 우리 나라 부인의 지식을 넓혀서 남자에게 압제받지 말고 남자와 동등 권리를 찾게 하며, 또 부인도 나라에 유익한 백성이 되고 사회상에 명예 있는 사람이 되도록 교육할 마음이라.

　(1) 위의 두 대목을 참고로 하여 이 작품의 주제를 적어 봅시다.

----

　(2) 위의 두 번째 대목을 통해 구완서와 옥련의 앞으로의 계획을 엿볼 수 있습니다. 그러나 속편인 〈모란봉〉의 옥련을 보면 이들의 계획이 실행으로 연결되는 모습은 찾아볼 수 없습니다. 이에 대한 자신의 생각을 말해 봅시다.

〈모란봉〉의 두 대목입니다. 제시문을 읽고 다음 문제에 답하시오.

[문항 3]

> 형세도 넉넉하고 행세가 얌전한 사람인데, 남이 칭찬을 하는 말에,
> '장치중이는 경계 밝은 사람이라.'
> '인정 있는 사람이라.'
> '남의 사정 아는 사람이라.'
> '남에게 속지 아니할 사람이라.'
> 그러한 칭찬을 도처에 듣는 장치중이가, 그 칭찬 듣지 못할 곳은 그 부인 안씨에게뿐이라.

> 장씨가 홀연히 평양 기생 농선이를 첩으로 들여 앉히더니, 농선의 소리는 꾀꼬리 소리같이 들리고, 부인의 소리는 염병막 까마귀 소리같이 들리기 시작하는데, 농선이와 정이 깊어 갈수록 부인과 적벽 강산같이 싸울 뿐이라.

(1) 위의 두 대목은 모두 장치중의 성격을 엿볼 수 있는 부분입니다. 이를 바탕으로 하여 장치중의 성격을 분석해 봅시다.

----

(2) 그 밖에 이 글에 등장하는 다음 인물들의 성격을 짐작할 수 있는 구절을 찾아보고, 각각의 성격에 대해 적어 봅시다.

인물	성격	근거
서일순		
서숙자		
최여정		

〈모란봉〉의 마지막 대목입니다. 제시문을 읽고 다음 문제에 답하시오.
[문항 4]

구 즉산 "허허허, 어진 아내가 있으면 집이 흥하는 법이라. 말을 듣다뿐이오. 이애 숙자야, 내가 여장군에게 졌다. 내 집의 참모총장이나 되어서 저 여장군을 잘 도와 주어라. 여보 마누라, 나는 술이나 먹고 사랑으로 나갈 터이니 숙자를 데리고 의논 잘 하시오."

부인 "의논을 어떻게 하든지 영감이 계셔야 말이 얼른 끝이 날 터이니, 나가시지 말고 옥련의 이야기나 더 들어 봅시다. 이애 수양딸아, 아버지 앞에서 옥련의 이야기나 좀 자세히 하여라. 대체 그것이 어떠하게 되었기로 사나이들이 그렇게 반한단 말이냐?"

(1) 윗대목에서도 알 수 있듯이 서숙자와 구 즉산, 구 즉산의 부인, 이렇게 세 사람은 하루 아침에 가족이 되어 정겨운 모습을 보입니다. 이 세 사람은 각각 마음 속에 어떠한 생각을 품고 있는 것일까요?

----

(2) 〈모란봉〉은 완결을 맺지 못한 채 끝을 맺고 있습니다. 이 뒤에 어떠한 이야기가 펼쳐질지, 자신의 상상을 자유롭게 적어 봅시다.

〈베스트논술 한국대표문학〉(전60권) 목록

권별	작품	작가
1	무정Ⅰ	이광수
2	무정Ⅱ	이광수
3	무명·꿈·옥수수·할멈	이광수
4	감자·시골 황 서방·광화사·붉은 산·김연실전 외	김동인
5	발가락이 닮았다·왕부의 낙조·전제자·명문 외	김동인
6	배따라기·약한 자의 슬픔·광염 소나타 외	김동인
7	B사감과 러브레터·서투른 도적·술 권하는 사회·빈처 외	현진건
8	운수 좋은 날·까막잡기·연애의 청산·정조와 약가 외	현진건
9	벙어리 삼룡이·뽕·젊은이의 시절·행랑 자식 외	나도향
10	물레방아·꿈·계집 하인·별을 안거든 우지나 말 걸 외	나도향
11	상록수Ⅰ	심훈
12	상록수Ⅱ	심훈
13	탈출·황공의 최후 / 적빈·꺼래이·혼명에서 외	심훈 / 백신애
14	태평 천하	채만식
15	레디메이드 인생·순공 있는 일요일·쑥국새 외	채만식
16	명일·미스터 방·민족의 죄인·병이 낫거든 외	채만식
17	동백꽃·산골 나그네·노다지·총각과 맹꽁이 외	김유정
18	금 따는 콩밭·봄봄·따라지·소낙비·만무방 외	김유정
19	백치 아다다·마부·병풍에 그린 닭이·신기루 외	계용묵
20	표본실의 청개구리·두 파산·이사 외 / 모범 경작생	염상섭 / 박영준
21	탈출기·홍염·고국·그믐밤·폭군·박돌의 죽음 외	최서해
22	메밀꽃 필 무렵·낙엽기·돈·석류·들·수탉 외	이효석
23	분녀·개살구·산·오리온과 능금·가을과 산양 외	이효석
24	무녀도·역마·까치 소리·화랑의 후예·등신불 외	김동리
25	하수도 공사 / 지맥 / 그 날의 햇빛은·갈가마귀 그 소리	박화성 / 최정희 / 손소희
26	지하촌·소금·원고료 이백 원 외 / 경희	강경애 / 나혜석
27	제3인간형 / 제일과 제일장 외 / 사랑 손님과 어머니 외	안수길 / 이무영 / 주요섭
28	날개·오감도·지주 회시·환시기·실화·권태 외	이상
29	봉별기·종생기·조춘점묘·지도의 암실·추등잡필	이상
30	화수분 외 / 김 강사와 T교수·창랑 정기 / 성황당	전영택 / 유진오 / 정비석

권별	작품	작가
31	민촌 / 해방 전후 · 달밤 외 / 과도기 · 강아지	이기영 / 이태준 / 한설야
32	소설가 구보씨의 일일 / 장삼이사 · 비오는 길 / 석공 조합 대표 / 낙동강 · 농촌 사람들 · 저기압	박태원 / 최명익 송영 / 조명희
33	모래톱 이야기 · 사하촌 외 / 갯마을 / 혈맥 / 전황당인보기	김정한 / 오영수 / 김영수 / 정한숙
34	바비도 외 / 요한 시집 / 젊은 느티나무 외 / 실비명 외	김성한 / 장용학 / 강신재 / 김이석
35	잉여 인간 / 불꽃 / 꺼삐딴 리 · 사수 / 연기된 재판	손창섭 / 선우휘 / 전광용 / 유주현
36	탈향 외 / 수난 이대 외 / 유예 / 오발탄 외 / 4월의 끝	이호철/ 하근찬/ 오상원/ 이범선/ 한수산
37	총독의 소리 / 유형의 땅 / 세례 요한의 돌	최인훈 / 조정래 / 정을병
38	어둠의 혼 / 개미귀신 / 무진 기행 · 서울 1964년 겨울 외	김원일 / 이외수 / 김승옥
39	뫼비우스의 띠 / 악령 / 식구 관촌 수필 / 기억 속의 들꽃 / 젊은 날의 초상	조세희 / 김주영 / 박범신 이문구 / 윤흥길 / 이문열
40	김소월 시집	김소월
41	윤동주 시집	윤동주
42	한용운 시집	한용운
43	한국 고전 시가와 수필	유리왕 외
44	한국 대표 수필선	김진섭 외
45	한국 대표 시조선	이규보 외
46	한국 대표 시선	최남선 외
47	혈의 누 · 모란봉	이인직
48	귀의 성	이인직
49	금수 회의록 · 공진회 / 추월색	안국선 / 최찬식
50	자유종 · 구마검 / 애국부인전 / 꿈하늘	이해조 / 장지연 / 신채호
51	삼국유사	일연
52	금오신화 / 홍길동전 / 임진록	김시습 / 허균 / 작자 미상
53	인현왕후전 / 계축일기	작자 미상
54	난중일기	이순신
55	흥부전 / 장화홍련전 / 토끼전 / 배비장전	작자 미상
56	춘향전 / 심청전 / 박씨전	작자 미상
57	구운몽 · 사씨 남정기	김만중
58	한중록	혜경궁 홍씨
59	열하일기	박지원
60	목민심서	정약용

〈베스트 논술 한국대표문학〉에 실린 소설과 교과서 대조표

*〈베스트 논술 한국대표문학〉에 실린 소설과 현행 국어 · 문학 18종 교과서의 수록 내용을 비교 · 분석하였다.

● 초등 학교 교과서(국어)

금오신화, 구운몽, 심청전, 흥부전, 토끼전, 박씨전, 장화홍련전, 홍길동전

● 국정 교과서

작품	작가	교과목
고향	현진건	고등 학교 문법
동백꽃	김유정	중학교 국어 2-1, 중학교 국어 3-1
벙어리 삼룡이	나도향	중학교 국어 1-1
봄봄	김유정	고등 학교 국어(상)
사랑 손님과 어머니	주요섭	중학교 국어 2-1
오발탄	이범선	중학교 국어 3-1
운수 좋은 날	현진건	중학교 국어 3-1

● 고등 학교 문학 교과서

작품	작품	출판사
감자	김동인	교학, 지학, 디딤돌, 상문
갯마을	오영수	문원, 형설
고향	현진건	두산, 지학, 청문, 중앙, 교학, 문원, 민중, 블랙, 디딤돌
관촌 수필	이문구	지학, 문원, 블랙
광염 소나타	김동인	천재, 태성

금 따는 콩밭	김유정	중앙
금수회의록	안국선	지학, 문원, 블랙, 교학, 대한, 태성, 청문, 디딤돌
김 강사와 T교수	유진오	중앙
까마귀	이태준	민중
꺼삐딴 리	전광용	지학, 중앙, 두산, 블랙, 디딤돌, 천재, 케이스
날개	이상	문원, 교학, 중앙, 민중, 천재, 형설, 청문, 태성, 케이스
논 이야기	채만식	두산, 상문, 중앙, 교학
닳아지는 살들	이호철	천재, 청문
동백꽃	김유정	금성, 두산, 블랙, 교학, 상문, 중앙, 지학, 태성, 형설, 디딤돌, 케이스
두 파산	염상섭	문원, 상문, 천재, 교학
등신불	김동리	중앙, 두산
만무방	김유정	민중, 천재, 두산
메밀꽃 필 무렵	이효석	금성, 상문, 중앙, 교학, 문원, 민중, 블랙, 디딤돌, 지학, 청문, 천재, 케이스
모래톱 이야기	김정한	디딤돌, 교학, 문원
모범경작생	박영준	중앙
뫼비우스의 띠	조세희	두산, 블랙
무녀도	김동리	천재, 지학, 청문, 금성, 문원, 민중, 케이스

작품	작가	출판사
무정	이광수	디딤돌, 금성, 두산, 교학, 한교
무진기행	김승옥	두산, 천재, 태성, 교학, 문원, 민중, 케이스
바비도	김성한	민중, 상문
배따라기	김동인	상문, 형설, 중앙
벙어리 삼룡이	나도향	민중
복덕방	이태준	블랙, 교학
봄봄	김유정	디딤돌, 문원
붉은 산	김동인	중앙
B사감과 러브레터	현진건	교학
사랑 손님과 어머니	주요섭	중앙, 디딤돌, 민중, 상문
사수	전광용	두산
사하촌	김정한	중앙, 문원, 민중
산	이효석	문원, 형설
서울, 1964년 겨울	김승옥	문원, 블랙, 천재, 교학, 지학, 중앙
성황당	정비석	형설
소설가 구보씨의 일일	박태원	중앙, 천재, 교학, 대한, 형설, 문원, 민중
수난 이대	하근찬	교학, 지학, 중앙, 문원, 민중, 디딤돌, 케이스
애국부인전	장지연	지학, 한교
어둠의 혼	김원일	천재
역마	김동리	교학, 두산, 천재, 태성, 형설, 상문, 디딤돌
역사	김승옥	중앙
오발탄	이범선	교학, 중앙, 금성, 두산
요한 시집	장용학	교학
운수 좋은 날	현진건	금성, 문원, 천재, 지학, 민중, 두산, 디딤돌, 케이스
유예	오상원	블랙, 천재, 중앙, 교학, 디딤돌, 민중
자유종	이해조	지학, 한교
장삼이사	최명익	천재
전황당인보기	정한숙	중앙
젊은 날의 초상	이문열	지학
젊은 느티나무	강신재	블랙, 중앙, 문원, 상문
제일과 제일장	이무영	중앙
치숙	채만식	문원, 청문, 중앙, 민중, 상문, 케이스
탈출기	최서해	형설, 두산, 민중
탈향	이호철	케이스
태평 천하	채만식	지학, 금성, 블랙, 교학, 형설, 태성, 디딤돌
표본실의 청개구리	염상섭	금성
학마을 사람들	이범선	민중
할머니의 죽음	현진건	중앙
해방 전후	이태준	천재
혈의 누	이인직	천재, 금성, 민중, 교학, 태성, 청문
홍염	최서해	상문, 지학, 금성, 두산, 케이스
화수분	전영택	태성, 중앙, 디딤돌, 블랙

〈베스트 논술 한국대표문학〉에 실린 시와 교과서 대조표

* 〈베스트 논술 한국대표문학〉에 실린 시와 현행 국어·문학 18종 교과서의 수록 내용을 비교·분석하였다.

작품	작가	출판사
가는 길	김소월	지학, 블랙, 민중
가을의 기도	김현승	블랙
겨울 바다	김남조	지학
고향	백석	형설
국경의 밤	김동환	지학, 천재, 금성, 블랙, 태성
국화 옆에서	서정주	민중
귀천	천상병	지학, 디딤돌
귀촉도	서정주	지학
그 날이 오면	심훈	지학, 블랙, 교학, 중앙
그대들 돌아오시니	정지용	두산
그 먼 나라를 알으십니까	신석정	교학, 대한
껍데기는 가라	신동엽	지학, 천재, 금성, 블랙, 교학, 한교, 상문, 형설, 청문
꽃	김춘수	금성, 문원, 교학, 중앙, 형설
끝없는 강물이 흐르네	김영랑	디딤, 교학
나그네	박목월	천재, 블랙, 중앙, 한교
나룻배와 행인	한용운	문원, 블랙, 대한, 형설
남신의주 유동 박시봉방	백석	지학, 두산, 상문

작품	작가	출판사
남으로 창을 내겠소	김상용	지학, 한교, 상문
내 마음은	김동명	중앙, 상문
내 마음을 아실 이	김영랑	한교
농무	신경림	지학, 디딤, 금성, 블랙, 교학, 형설, 청문
누가 하늘을 보았다 하는가	신동엽	두산
눈길	고은	문원
님의 침묵	한용운	지학, 천재, 두산, 교학, 민중, 한교, 태성, 디딤돌
떠나가는 배	박용철	지학, 한교
머슴 대길이	고은	디딤돌, 천재
먼 후일	김소월	청문
모란이 피기까지는	김영랑	지학, 천재, 금성, 형설
목계 장터	신경림	문원, 한교, 청문
목마와 숙녀	박인환	민중
바다와 나비	김기림	금성, 블랙, 한교, 대한, 형설
바위	유치환	금성, 문원, 중앙, 한교
별 헤는 밤	윤동주	문원, 민중
봄은 간다	김억	한교, 교학
봄은 고양이로다	이장희	블랙

작품	작가	출판사
불놀이	주요한	금성, 형설
빼앗긴 들에도 봄은 오는가	이상화	지학, 천재, 문원, 블랙, 디딤돌, 중앙
산 너머 남촌에는	김동환	천재, 블랙, 민중
산유화	김소월	두산, 민중
살아 있는 것이 있다면	박인환	대한, 교학
살아 있는 날은	이해인	교학
생명의 서	유치환	한교, 대한
샤갈의 마을에 내리는 눈	김춘수	지학, 블랙, 태성
서시	윤동주	디딤돌, 민중
설일	김남조	교학
성묘	고은	교학
성북동 비둘기	김광섭	지학
쉽게 씌어진 시	윤동주	지학, 디딤돌, 중앙
승무	조지훈	지학, 디딤돌, 금성
알 수 없어요	한용운	중앙, 대한
어서 너는 오너라	박두진	디딤돌, 금성, 한교, 교학
오감도	이상	디딤돌, 대한
와사등	김광균	민중
우리가 물이 되어	강은교	지학, 문원, 교학, 형설, 청문, 디딤돌
우리 오빠의 화로	임화	디딤돌, 대한
울음이 타는 가을 강	박재삼	지학, 교학
자수	허영자	교학

작품	작가	출판사
자화상	노천명	민중
절정	이육사	지학, 천재, 금성, 두산, 문원, 블랙, 교학, 태성, 청문, 디딤돌
접동새	김소월	교학, 한교
조그만 사랑 노래	황동규	문원, 중앙
즐거운 편지	황동규	지학, 형설, 청문
진달래꽃	김소월	천재, 태성
청노루	박목월	지학, 문원, 상문
초토의 시 8	구상	지학, 천재, 두산, 상문, 태성
초혼	김소월	디딤돌, 금성, 문원
타는 목마름으로	김지하	디딤돌, 금성, 문원, 민중
풀	김수영	지학, 금성, 민중, 한교, 태성
프란츠 카프카	오규원	천재, 태성
피아노	전봉건	태성
해	박두진	두산, 블랙, 민중, 형설
해에게서 소년에게	최남선	지학, 천재, 금성, 두산, 문원, 민중, 한교, 대한, 형설, 태성, 청문, 디딤돌
향수	정지용	지학, 문원, 블랙, 교학, 한교, 상문, 청문, 디딤돌

〈베스트 논술 한국대표문학〉에 실린 시조와 교과서 대조표

*〈베스트 논술 한국대표문학〉에 실린 시조와 현행 국어·문학 18종 교과서의 수록 내용을 비교·분석하였다.

작품	작가	출판사	작품	작가	출판사
가노라 삼각산아	김상헌	교학, 형설	삼동에 베옷 닙고	조식	지학, 형설
가마귀 눈비 맞아	백팽년	교학	산인교 나린 물이	정도전	천재
가마귀 싸우는 골에	정몽주 어머니	교학	수양산 바라보며	성삼문	천재, 교학
강호 사시가	맹사성	디딤돌, 두산, 교학	십년을 경영하여	송순	지학, 금성, 블랙, 중앙, 한교, 상문, 대한, 형설
고산구곡	이이	한교	어리고 성긴 매화	안민영	형설
공명을 즐겨 마라	김삼현	지학	어부사시사	윤선도	금성, 문원, 민중, 상문, 대한, 형설, 청문
구름이 무심탄 말이	이존오	천재			
국화야 너난 어이	이정보	블랙	오리의 짧은 다리	김구	청문
녹초 청강상에	서익	지학	오백년 도읍지를	길재	블랙, 청문
농암가	이현보	민중	오우가	윤선도	형설
뉘라서 가마귀를	박효관	교학	이몸이 죽어가서	성삼문	지학, 두산, 민중, 대한, 형설
님 그린 상사몽이	박효관	천재			
대추볼 붉은 골에	황희	중앙	이시렴 부디 갈다	성종	지학
도산 십이곡	이황	디딤돌, 블랙, 민중, 형설, 태성	이화에 월백하고	이조년	디딤돌, 천재, 두산
			이화우 흣뿌릴 제	계랑	한교
동짓달 기나긴 밤을	황진이	지학, 천재, 금성, 두산, 문원, 교학, 상문, 대한	재너머 성권농 집에	정철	천재, 형설
			천만리 머나먼 길에	왕방연	문원, 블랙
마음이 어린후니	서경덕	지학, 금성, 블랙, 한교	청산리 벽계수야	황진이	지학
말없는 청산이요	성혼	지학, 천재	추강에 밤이 드니	월산대군	천재, 금성, 민중
방안에 혔는 촉불	이개	천재, 금성, 교학	춘산에 눈녹인 바람	우탁	디딤돌
백구야 말 물어보자	김천택	지학	풍상이 섞어 친 날에	송순	지학, 청문
			한손에 막대 잡고	우탁	금성
백설이 자자진 골에	이색	지학	훈민가	정철	지학, 금성
삭풍은 나무끝에	김종서	중앙, 형설	흥망이 유수하니	원천석	천재, 중앙, 한교, 디딤돌, 대한
산촌에 눈이 오니	신흠	지학			

〈베스트 논술 한국대표문학〉에 실린 수필과 교과서 대조표

* 〈베스트 논술 한국대표문학〉에 실린 수필과 현행 국어 · 문학 18종 교과서의 수록 내용을 비교 · 분석하였다.

작품	작가	출판사
가난한 날의 행복	김소운	천재
가람 일기	이병기	지학
구두	계용묵	디딤돌, 문원, 상문, 대한
그믐달	나도향	블랙, 태성
꼴찌에게 보내는 갈채	박완서	태성
나무	이양하	상문
나무의 위의	이양하	문원, 태성
낭객의 신년 만필	신채호	두산, 블랙, 한교
딸깍발이	이희승	지학, 디딤돌, 청문
멋없는 세상 멋있는 사람	김태길	중앙
무궁화	이양하	디딤돌
백설부	김진섭	지학, 천재, 형설, 태성, 청문
생활인의 철학	김진섭	지학, 태성
수필	피천득	지학, 천재, 한교, 태성, 청문
수학이 모르는 지혜	김형석	청문
슬픔에 관하여	유달영	문원, 중앙
웃음설	양주동	교학, 태성
은전 한 닢	피천득	금성, 대한
이야기	피천득	지학, 청문
인생의 묘미	김소운	지학
지조론	조지훈	블랙, 한교
청춘 예찬	민태원	금성, 블랙
특급품	김소운	교학
폭포와 분수	이어령	지학, 블랙
피딴 문답	김소운	디딤돌, 금성, 한교
행복의 메타포	안병욱	교학
헐려 짓는 광화문	설의식	두산

베스트 논술 한국대표문학 **47**

혈의누 외

지은이 이인직
펴낸이 류성관
펴낸곳 SR&B(새로본닷컴)
주 소 서울특별시 마포구 망원동 463-2번지
전 화 02)333-5413
팩 스 02)333-5418
등 록 제10-2307호
인 쇄 만리 인쇄사

＊잘못 만들어진 책은 바꾸어 드립니다.